西藏农业绿色发展指数构建与提升对策研究

周 芳 著

·南京·

图书在版编目(CIP)数据

西藏农业绿色发展指数构建与提升对策研究/周芳
著. —南京：东南大学出版社，2021.3
 ISBN 978-7-5641-9476-5

Ⅰ.①西⋯ Ⅱ.①周⋯ Ⅲ.①绿色农业－农业生产指
数－研究－西藏 Ⅳ.①F327.75

中国版本图书馆 CIP 数据核字(2021)第 049214 号

西藏农业绿色发展指数构建与提升对策研究
Xizang Nongye Lüse Fazhan Zhishu Goujian Yu Tisheng DuiCe Yanjiu

著　　者	周　芳	责任编辑	马　伟
电　　话	(025)83791797	电子邮箱	252974073@qq.com
出版发行	东南大学出版社	出 版 人	江建中
地　　址	南京市四牌楼 2 号	邮　　编	210096
销售电话	(025)83794121/83795801	网　　址	http://www.seupress.com
经　　销	全国各地新华书店	印　　刷	广东虎彩云印刷有限公司
开　　本	700×1000mm　1/16	印　　张	9.5
字　　数	158 千字		
版 印 次	2021 年 3 月第 1 版　2021 年 3 月第 1 次印刷		
书　　号	ISBN 978-7-5641-9476-5		
定　　价	48.00 元		

* 本社图书若有印装质量问题，请直接与营销部联系。电话：025-83791830。

前　言

作为国家生态安全屏障，西藏的生态环境功能地位举足轻重，其农业绿色发展和生态环境保护对我国农业绿色发展和可持续发展具有重大的战略意义。本书分析西藏农业绿色发展的现状和存在的突出问题，构建西藏农业绿色发展指数并对全区农业绿色发展水平进行定量测度，梳理西藏农业绿色发展的技术清单和政策需求，借鉴国内外农业绿色发展经验，进行西藏农业绿色发展的路径优化分析，提出西藏农业绿色发展的政策建议，为西藏农业绿色发展提供直接的技术支持和政策保障，以期实现西藏农牧业经济发展、农牧民收入增加和生态环境改善共赢。本书共分为以下 9 章：

（1）第 1 章绪论。介绍本书的研究背景、意义、国内外研究现状、研究内容与方法、研究创新点与不足等内容。

（2）第 2 章农业绿色发展理论基础。通过对农业绿色发展的概念、内涵和基本要求以及农业生态学理论、农业资源经济学理论和农户行为理论的分析，为本书研究奠定坚实的理论基础。

（3）第 3 章西藏农业绿色发展现状与战略选择分析。基于搜集的相关资料和统计数据，分析西藏农业发展现状及存在的主要问题，运用 SWOT 方法分析西藏农业绿色发展面临的优势、劣势、机遇和威胁，为西藏制定高效的农业绿色发展战略提供决策依据和支撑。

（4）第 4 章西藏农业绿色发展指数构建与测算。构建包含资源节约、环境友好、生态保育和质量高效 4 个一级指标、11 个二级指标的西藏农业绿色发展指数，搜集各指标的数据，对西藏全区及各地市的农业绿色发展指数进行测算，综合评价西藏农业绿色发展水平。

（5）第 5 章西藏农业绿色发展技术清单及综合评价。编制西藏种植业和畜牧业的农业绿色发展技术清单，构建农业绿色发展技术评价指标体系，利用层次分析法,提出西藏农业绿色发展技术综合评价方法,分析西藏农业绿色发展技术推广和应用面临的主要障碍。

(6)第6章西藏农牧民农业绿色发展技术选择行为研究。根据现有文献,识别农户技术选择的主要影响因素,以林芝市巴宜区、米林县、工布江达县为调查区域,共发放480份调查问卷,获得397份有效问卷,识别农牧民采用农业绿色发展技术的意识、行为与意愿,运用Probit模型定量分析农牧民农业绿色技术选择的主要影响因素。

(7)第7章西藏农业绿色发展的政策需求。系统梳理党的十八大以来国家农业绿色发展政策体系,以及西藏农业绿色发展政策体系,分析这些政策的主要内容及取得的效果,并基于调研结果,分析西藏农牧民对农业绿色发展的政策需求。

(8)第8章西藏农业绿色发展的路径优化分析。基于西藏农业绿色发展路径优化的基本原则和基本思路,结合西藏农牧业发展特色,从农业绿色发展食物链能量闭环流动路径、生态价值延伸路径、产业链专业化路径和产业合作路径4个方面提出了西藏农业绿色发展的路径优化建议。

(9)第9章西藏农业绿色发展的政策设计。应用机制设计理论设计适合西藏农牧业特色的农业绿色发展政策,从财政支持、科技支撑体系、市场体系建设、人才培育和引进、政府公共服务强化5个方面提出了相关政策创设建议,为西藏农业绿色发展政策的制定提供参考。

西藏农业绿色发展的优势主要来源于自身独特的资源生态环境和特色农业资源,机遇来源于国家绿色发展理念和西藏经济社会的跨越式发展,劣势和威胁则与西藏的自然条件限制及农牧民受教育水平相对较低有关。探索西藏高原特色现代农牧业绿色发展道路,要按照"保护开发,综合治理,建管并重"的原则,抓好"四突出、四促进"。突出生态保护,促进农牧业绿色发展;突出高原优势,促进壮大特色产业;突出科技支撑,促进完善农牧业服务保障体系;突出改革创新,促进增强农村发展活力。

本书是西藏高校人文社会科学研究重点项目"西藏农业绿色发展指数构建与提升对策研究"(编号:SK2019-07)、西藏哲学社科专项资金青年项目"西藏畜禽养殖污染环境风险评估与治理政策研究"(编号:19CJY08)、西藏科技厅软科学项目"西藏畜禽养殖污染及治理的经济学研究""民族地区乡村振兴战略与规划创新教学团队建设(502219013)""西藏农牧学院林学学科创新团队建设项目(藏财预指 2020-001)"等课题研究成果的凝练。本书得到了西藏农牧学院诸多领导和老师的指点和支持,在此一并表示感谢!最后,感谢东南大学出版社的领导和编辑为本书出版付出的辛勤劳动。

本书中难免存在疏漏,不足之处敬请读者批评指正。

周 芳

2020 年 11 月于西藏农牧学院

目 录

1 绪论 ………………………………………………………………… 1
　1.1 研究背景 …………………………………………………… 1
　1.2 研究意义 …………………………………………………… 2
　1.3 国内外研究现状 …………………………………………… 3
　　1.3.1 农业绿色发展内涵与驱动力研究综述 ……………… 3
　　1.3.2 农业绿色发展评价研究综述 ………………………… 7
　　1.3.3 农户绿色发展技术选择的影响因素研究综述 ……… 8
　　1.3.4 国内外农业绿色发展的实践经验与政策保障 ……… 9
　1.4 研究内容与方法 …………………………………………… 10
　　1.4.1 研究内容 ……………………………………………… 10
　　1.4.2 研究方法 ……………………………………………… 11
　1.5 研究创新点与不足之处 …………………………………… 12
　　1.5.1 主要创新点 …………………………………………… 12
　　1.5.2 不足之处 ……………………………………………… 13

2 农业绿色发展理论基础 ………………………………………… 14
　2.1 农业绿色发展的概念界定 ………………………………… 14
　　2.1.1 农业绿色发展的概念 ………………………………… 14
　　2.1.2 农业绿色发展的内涵 ………………………………… 15
　　2.1.3 农业绿色发展的基本要求 …………………………… 17
　2.2 理论基础 …………………………………………………… 17
　　2.2.1 农业生态学理论 ……………………………………… 17
　　2.2.2 农业资源经济学理论 ………………………………… 18

         2.2.3 农户行为理论 ··· 19

3 **西藏农业绿色发展现状与战略选择分析** ·· 21
   3.1 西藏农业发展现状 ·· 21
      3.1.1 农业总产值与结构分析 ·· 21
      3.1.2 种植业结构分析 ··· 22
      3.1.3 畜牧业结构分析 ··· 25
      3.1.4 西藏农业发展存在的主要问题 ······································· 28
   3.2 西藏农业绿色发展的战略意义 ·· 30
      3.2.1 农业绿色发展是西藏实现农业现代化的必然选择 ········· 30
      3.2.2 农业绿色发展是西藏建成全面小康社会的有效手段 ····· 30
      3.2.3 农业绿色发展是西藏实现农牧业可持续发展的有效途径 ···· 31
   3.3 西藏农业绿色发展战略选择（SWOT）分析 ···················· 31
      3.3.1 优势 ·· 31
      3.3.2 劣势 ·· 33
      3.3.3 机遇 ·· 34
      3.3.4 威胁 ·· 36
      3.3.5 综合分析 ·· 38

4 **西藏农业绿色发展指数构建与测算** ·· 41
   4.1 西藏农业绿色发展指数构建 ·· 41
      4.1.1 西藏农业绿色发展评价指标体系 ··································· 41
      4.1.2 西藏农业绿色发展评价指标权重及评价模型 ··············· 43
   4.2 西藏农业绿色发展指数测算及区域比较 ···························· 44
      4.2.1 西藏农业绿色发展评估 ·· 44
      4.2.2 西藏农业绿色发展区域比较 ·· 47
   4.3 结论与启示 ·· 48
      4.3.1 结论 ·· 48
      4.3.2 启示 ·· 49

5 西藏农业绿色发展技术清单及综合评价 ········· 51
5.1 西藏农业绿色发展技术清单 ········· 51
5.1.1 种植业绿色发展技术 ········· 51
5.1.2 畜牧业绿色发展技术 ········· 61
5.2 西藏农业绿色发展技术综合评价 ········· 66
5.2.1 评估指标体系的构建原则 ········· 66
5.2.2 评估指标体系的构成 ········· 67
5.2.3 评价指标体系的综合计算方法 ········· 70
5.3 西藏农业绿色发展技术推广和应用面临的主要障碍 ········· 71
5.3.1 制度约束 ········· 71
5.3.2 市场约束 ········· 72
5.3.3 技术约束 ········· 73
5.3.4 个体约束 ········· 73

6 西藏农牧民农业绿色发展技术选择行为研究 ········· 75
6.1 研究区概况 ········· 75
6.2 调查问卷设计与数据来源 ········· 78
6.3 农牧民基本特征与生产经营情况 ········· 80
6.3.1 被访者的性别、年龄、民族状况与文化程度 ········· 80
6.3.2 被访者的家庭规模、生产规模和家庭收入状况 ········· 81
6.3.3 被访者的农业生产成本及其构成 ········· 83
6.4 农牧民采纳农业绿色发展技术的意识、行为及意愿 ········· 84
6.4.1 农牧民的环境意识 ········· 84
6.4.2 农牧民的农业绿色发展意识 ········· 87
6.4.3 农牧民对农业绿色发展技术的选择行为及意愿 ········· 89
6.5 农牧民农业绿色发展技术选择的影响因素分析 ········· 92
6.5.1 主要影响因素识别 ········· 92
6.5.2 模型构建 ········· 93
6.5.3 模型估计与结果分析 ········· 94

7 西藏农业绿色发展的政策需求 …… 97
7.1 国家农业绿色发展政策体系 …… 97
7.1.1 农业资源保护和高效利用制度体系不断完善 …… 98
7.1.2 农业面源污染治理政策体系初步形成 …… 99
7.1.3 农田生态修复提升政策框架初步建立 …… 100
7.2 西藏农业绿色发展政策体系 …… 101
7.2.1 农作物良种补贴 …… 101
7.2.2 牲畜良种补贴 …… 102
7.2.3 种粮农民直接补贴和农资综合补贴 …… 102
7.2.4 农业机械购置补贴 …… 103
7.2.5 能繁母猪补贴 …… 103
7.2.6 农村薪柴替代工程沼气建设补贴 …… 104
7.2.7 退耕还草饲料粮(陈化粮)折现补助 …… 104
7.2.8 草原生态保护补助奖励政策 …… 104
7.3 西藏农牧民对农业绿色发展的政策需求 …… 105
7.3.1 技术需求 …… 106
7.3.2 资金需求 …… 106
7.3.3 市场需求 …… 107

8 西藏农业绿色发展的路径优化分析 …… 108
8.1 农业绿色发展路径优化基本原则 …… 109
8.1.1 因地制宜,突出特色 …… 109
8.1.2 科学发展,生态优先 …… 109
8.1.3 产业带动,强农富民 …… 110
8.1.4 政策扶持,自力更生 …… 110
8.2 农业绿色发展路径优化基本思路 …… 110
8.2.1 突出高原优势,促进壮大特色产业 …… 110
8.2.2 突出生态保护,促进农业绿色发展 …… 111
8.2.3 突出科技支撑,促进完善农业绿色补贴政策体系 …… 111

   8.2.4 突出改革创新,促进增强农村发展活力 …………… 112
  8.3 农业绿色发展路径选择分析 ……………………………… 112
   8.3.1 农业绿色发展食物链能量闭环流动路径 ………… 112
   8.3.2 农业绿色发展生态价值延伸路径 ………………… 113
   8.3.3 农业绿色发展产业链专业化路径 ………………… 114
   8.3.4 农业绿色发展产业合作路径 ……………………… 115

9 西藏农业绿色发展的政策设计 …………………………………… 116
  9.1 财政投入支持方面的政策创设 …………………………… 116
   9.1.1 加大财政投入力度,构建以绿色生态为导向的农业补贴
     政策体系 …………………………………………… 116
   9.1.2 根据西藏农牧业特点,扩大生产性资金扶持的范围 …… 117
   9.1.3 加强对农业绿色发展资金投入的统筹协调,提高综合
     效益 ………………………………………………… 117
  9.2 科技支撑体系方面的政策创设 …………………………… 118
   9.2.1 强化绿色发展技术科技支撑,不断提高农牧业生产的
     科技含量 …………………………………………… 118
   9.2.2 加强对农牧民的培训,提高农牧民的技能水平 …… 118
   9.2.3 支持农牧业企业进行绿色发展技术创新,发挥其示范
     作用 ………………………………………………… 119
  9.3 市场体系建设方面的政策创设 …………………………… 119
   9.3.1 培育和引进农牧业龙头企业,发展西藏特色绿色农牧产品加
     工业 ………………………………………………… 119
   9.3.2 加强绿色农牧产品的品牌宣传和管理,做大做强特色
     品牌 ………………………………………………… 120
   9.3.3 加大绿色农牧产品市场设施建设力度,建立权威的农牧产品
     信息网络 …………………………………………… 120
  9.4 人才培育和引进方面的政策创设 ………………………… 121
   9.4.1 提高农牧业人才的工资福利待遇,确保人才的稳定和

　　　　　引进 …………………………………………………… 121
　　9.4.2 巩固和完善"9＋3"农牧业职业教育全免学费和生活住宿
　　　　　全额补贴制度 ………………………………………… 121
9.5 政府公共服务强化方面的政策创设 ………………………… 122
　　9.5.1 加强农业绿色发展规划实施管理和政策执行的连续性
　　　　　……………………………………………………… 122
　　9.5.2 建立和完善相关部门、地区和企业对口帮扶的工作机制
　　　　　……………………………………………………… 122

附录 ……………………………………………………………… 124

参考文献 ………………………………………………………… 132

1 绪论

1.1 研究背景

党的十九大报告提出要坚持人与自然和谐共生,形成绿色发展方式和生活方式,坚定走生产发展、生活富裕、生态良好的文明发展道路。2017年中共中央办公厅、国务院办公厅印发了《关于创新体制机制推进农业绿色发展的意见》,这是党中央出台的第一个以农业绿色发展为主题的文件。文件要求加快推进农业绿色发展,并依据绿色发展指标体系,完善农业绿色发展评价指标,适时开展部门联合督查。2018年中央一号文件指出要"以绿色发展引领乡村振兴"。2021年中央一号文件指出要"推进农业绿色发展"。在资源条件和生态环境两个"紧箍咒"趋紧的背景下,推动农业绿色发展既是落实国家相关政策的要求,也是实现农业可持续发展和改善农业生态环境的最佳选择。习近平总书记强调,推进农业绿色发展是农业发展观的一场深刻革命。实现农业绿色发展,既是破解我国农业发展生态环境压力和资源短缺困境的重要方式,也是满足人民日益增长的美好生活需要的客观要求。因此,如何准确理解农业绿色发展的概念内涵与外延,科学判断农业绿色发展状况,并采取针对性政策措施促进我国农业农村经济更好地发展,值得深入研究。

作为国家生态安全屏障,西藏地理位置特殊、生态环境脆弱,全国五分之一的水来自青藏高原,其生态环境功能地位举足轻重。农牧业是西藏经济社会发展的基础产业和民生产业,西藏农业绿色发展和生态环境保护对我国农业绿色发展具有重大的战略意义。21世纪以来,在国家一系列强农惠农和农业援藏政策的支持下,西藏农牧业快速发展,农牧民收入持续增长。2019年,西藏农业总产值达到138.2亿元,占地区生产总值的8.2%;农村居民人均可支配收入达到12 951元,比上年增长13.1%。然而,西藏农业经济实现快速增长的同时也付出了一定的资源环境代价,西藏农业面源污染问题日益突出。西藏推进农业绿色发展的优势与劣势并存,机遇与威胁共生,要立足西藏自然地理资源条件、经济社会发展的阶段性特征和欠发达少数民族地区等特征,紧扣区情,尊重民意,强化政策扶持、科技支撑和主体培育,将劣势转化为优势,将威胁转化为机遇。因此,有必要分析西藏农业绿色发展的现状与突出问题,构建西藏农业绿色发展评价指标体系并测算西藏全区及各地市的农业绿色发展指数,提出西藏农业绿色发展的路径和政策设计,为西藏农业绿色发展提供直接的技术支持和政策保障,以期实现西藏农牧业经济发展、农牧民收入增加和生态环境改善共赢。

1.2 研究意义

作为国家的生态安全屏障,西藏的生态环境功能地位举足轻重,其农业绿色发展和生态环境保护对我国农业绿色发展和可持续发展具有重大的战略意义。本书分析西藏农业绿色发展的现状和存在的突出问题,构建西藏农业绿色发展指数并对全区农业绿色发展水平进行定量测度,梳理西藏农业绿色发展的技术清单和政策需求,借鉴国内外农业绿色发展经验,分析西藏农业绿色发展的路径优化,提出西藏农业绿色发展的政策建议,对实现西藏农业现代化和可持续发展具有一定的理论和应用意义。

第一,从理论意义上,本书有助于丰富农业绿色发展理论和方法的研究。本课题一方面从微观层面分析农牧民技术选择的主要影响因素,另一方面从宏观层面设计适合西藏农牧业发展特色的农业绿色发展政策,丰富了农业绿色发展理论和方法的研究,为西藏农业绿色发展提供理论支撑。

第二,从应用意义上,本书有利于创设西藏农业绿色发展政策,并提升全区的农业绿色发展水平,实现农业绿色发展。本书从农牧民技术选择入手对西藏农业绿色发展技术和政策进行系统分析,使操作简便、经济有效、环境友好的农业绿色发展技术能够最大限度地推广应用,可以作为未来西藏农技推广的指南,对其他民族地区的农业绿色发展也具有一定的借鉴意义。本课题采用的分析框架和分析方法,为西藏农业绿色发展政策的制定提供依据,对其他民族地区的农业绿色发展研究也具有一定的借鉴意义。

1.3 国内外研究现状

1.3.1 农业绿色发展内涵与驱动力研究综述

农业绿色发展是缓解资源约束、防治环境污染、保护农业生态、实现农业可持续发展的重要途径。随着可持续发展理念的不断深入,农业绿色发展领域的新概念不断涌现,如生态农业、循环农业、有机农业、绿色农业、低碳农业等。从宏观层面看,这些概念都属于农业绿色发展的范畴,但是不同概念又各有侧重和特征。

生态农业自从1971年首次被提出以来,历经40余年的发展完善,已经成为世界农业发展的必然趋势。通常认为,生态农业是指在环境与经济协调发展的思想指导下,遵循生态学和生态经济学的原理和规律,按照系统科学的方法,把现代农业技术和管理手段与传统农业技术的精华有机结合,充分利用当地农业发展条件和资源优势,将农业生产、农村经济发展和生态环境治理与保护、资源培育与利用融为一体的农业生态经济复合系统,最终在农业可持续发展中解决农业人口、资源与环境问题[1-4]。

循环农业源于循环经济理念,循环经济这一术语在我国出现于20世纪90年代中期。2003年循环经济纳入科学发展观,成为党的执政理念。2005年十六届五中全会明确提出大力发展循环经济。2008年《中华人民共和国循环经济促进法》顺利通过,为循环经济发展奠定了法律基础。2012年《"十二五"循环经济发展规划》提出,在农业领域推动资源利用节约化、生产过程清洁化、产业链接循环化、废物处理资源化,形成农林牧渔多业共生的循环型农业生产方式,改

---

[1] 成升魁,闵庆文,谢高地,等.生态农村:中国生态农业的新思维[J].资源科学,2003(1):94-95.
[2] 段贤斌.农业现代化与生态经济关系初探[J].生态经济,2001(2):42-45.
[3] 李燕凌,陈娟,李学军.论生态农业的发展模式与选择[J].农村经济与科技,2007,17(7):70-71.
[4] 彭崑生.江西生态农业[M].北京:中国农业出版社,2007.

善农村生态环境,提高农业综合效益。

有机农业的实践最早在欧洲兴起,20世纪30—40年代在瑞士、英国等国家得到发展。中国的有机农业和有机食品发展始于20世纪80年代末。有机农业是遵照有机农业生产标准,在生产中不采用基因工程获得的生物及其产物,不使用化学合成的农药、化肥、生长调节剂、饲料添加剂等物质,遵循自然规律和生态学原理,协调种植业和畜牧业的平衡,采用一系列可持续发展的农业技术,维持持续稳定的农业生产体系[1]。

绿色农业是我国加入WTO(世界贸易组织)后,为了与世界农业发展接轨而于2003年正式提出的。绿色农业主要指以绿色技术进步为基础,充分应用绿色高科技手段,依托于绿色农业支持政策,集节约能源、保护与改善农业生态环境、发展农业经济于一体,并倡导绿色消费生活方式的可持续农业发展的模式[2]。绿色农业的发展是成熟的绿色食品产业发展模式全面推广和示范的发展模式[3]。2015年十八届五中全会提出了"创新、协调、绿色、开放、共享"的五大发展理念,集中反映了我们党对经济社会发展规律认识的深化,极大地丰富了马克思主义发展观。2016年国务院发布的《全国农业现代化规划(2016—2020年)》进一步提出要创新强农、协调惠农、绿色兴农、开放助农、共享富农,这是五大发展理念在指导新时期农业现代化建设中的具体应用,既是目标要求,也是手段。其中绿色是农业的本色,也是农业现代化的重要标志。

低碳农业是低碳经济的重要组成部分,"低碳经济"最早见于政府文件是在2003年的英国能源白皮书《我们能源的未来:创建低碳经济》。农业既是气候变化的重要贡献因子,也是受气候变化影响最为敏感的领域之一。中国农业活动温室气体排放量约占全国温室气体排放总量的11%[4],农业受极端天气等气候变化的影响也越来越大。低碳农业是以"低能耗、低物耗、低排放和低污染"为特征,以提高碳汇能力和减弱碳源能力为突破口,在整个农业生产过程和农产品生命周期内进行低碳化设计的农业形态。

---

[1] 温明振.有机农业发展研究[D].天津:天津大学,2006.
[2] 严立冬.绿色农业发展与财政支持[J].农业经济问题,2003(10):36-39.
[3] 严立冬,屈志光,邓远建.现代农业建设中的绿色农业发展模式研究[J].农产品质量与安全,2011(4):12-17.
[4] 《中华人民共和国气候变化第二次国家信息通报》.

农业绿色发展相关概念体系与内涵特征见表 1-1[1]。

表 1-1 农业绿色发展相关概念体系与内涵特征

农业模式	内涵	特征
生态农业	基于生态学和系统工程的基本原理,运用农业生态工程和农业生态技术,按照"整体、协调、循环、再生"的要求,对农业生产的过程进行系统优化,实现农业经济效益、生态效益和社会效益的统一	(1) 以生物组分为核心的生物-社会-经济复合系统; (2) 强调农业、林业、畜牧等不同产业的耦合; (3) 强调系统生产力提高; (4) 可在不同尺度上实现
循环农业	把循环经济的"减量化、再使用、再循环"的理念应用于农业生产,在农业生产过程和产品生命周期中延伸产业链条,减少资源、物质的投入量和减少废物的产生及排放量,达到生态和经济的良性循环	(1) 借鉴工业生产方式,强调产业化经营,延伸产业链条,通过废物利用、要素耦合和产业链接等方式形成协同发展的产业网络; (2) 强调利用高新技术优化农业系统结构,提高农业投入与产出的效益与效率; (3) 提倡资源的多级循环利用,减少外部投入
有机农业	遵照一定的生产标准,在生产中不采用基因工程获得的生物及其产物,不使用化学合成的农药、化肥、生长调节剂、饲料添加剂等物质,遵循自然规律和生态学原理,采用一系列可持续发展的农业技术维持持续稳定的农业生产体系的一种农业生产方式	(1) 不使用农业化学投入品; (2) 对水、土、空气等自然要素和环境质量要求较高; (3) 病虫害绿色防控; (4) 有机肥料投入; (5) 有严格的生产和认证标准
绿色农业	以绿色技术进步为基础,充分应用绿色高科技手段,集节约能源、保护与改善农业生态环境、发展农业经济于一体,并倡导绿色消费生活方式的可持续农业发展的模式	(1) 减少农业化学投入品的使用; (2) 依靠科技进步,开放兼容; (3) 持续安全,保障资源生态环境安全; (4) 严格的第三方认证和标准化管理
低碳农业	以"低能耗、低物耗、低排放和低污染"为特征,以提高碳汇能力和减弱碳源能力为突破口,在整个农业生产过程和农产品生命周期内进行低碳化设计的农业形态	(1) 减少农业对化石能源的消耗,降低碳排放; (2) 通过耕地土壤有机碳提升等技术和措施,增强农业的碳吸收能力

[1] 魏琦,金书秦,张斌,等.助绿乡村振兴:农业绿色发展理论、政策和评价[M].北京:中国发展出版社,2019.

农业绿色发展是具有中国特色的农业可持续发展理念,以绿色农业为主要载体,以绿色技术进步和政策创设为核心,能够确保农业资源利用高效、生态系统稳定、产地环境良好、产品质量安全,提高农业综合经济效益[1-3]。农业绿色发展不是对生态农业、有机农业、循环农业等农业类型的否定,而是取长补短、兼容并包,是一种内涵丰富的新型农业发展模式[4-6]。农业绿色发展是内外部动力共同驱动的结果[7-8],主要包括消费者的需求偏好[9-11]、企业竞争力提升的压力[12-13]、绿色技术创新[14]、政策激励[15-17]等因素。

现有研究对绿色农业进行了充分的讨论,但是缺乏对农业绿色发展的清晰界定和系统研究,使得绿色农业、生态农业、有机农业等不同农业发展模式经常混淆。此外,已有研究主要从消费者、生产企业和政府视角进行分析,很少进入

---

[1] 刘华楠,邹珊刚.我国西部绿色农业科技创新论析[J].中国科技论坛,2003(1):27-30.

[2] 刘连馥.绿色农业初探[M].北京:中国财政经济出版社,2005.

[3] 李晓明.绿色农业与其发展对策探析[J].华中农业大学学报(社会科学版),2005(3):18-21.

[4] 钟雨亭,闫书达.绿色农业初探[J].中国食物与营养,2004(8):59-62.

[5] 严立冬,屈志光,邓远建.现代农业建设中的绿色农业发展模式研究[J].农产品质量与安全,2011(4):12-17.

[6] 屈志光,崔元锋,邓远建.基于多任务代理的农业绿色发展能力研究[J].生态经济,2013,29(4):102-105.

[7] 卢秉福,孙一鸣,韩卫平.黑龙江省绿色农业可持续发展主要影响因素分析[J].中国农学通报,2011,27(32):110-113.

[8] 赵大伟.中国绿色农业发展的动力机制及制度变迁研究[J].农业经济问题,2012(11):72-78.

[9] Roberts J A, Straughan R D. Environmental segmentation alternatives: a look at green consumer behavior in the new millennium[J]. Journal of Consumer Marketing,1999,16(6):558-575.

[10] Gleim M R, Smith J S, Andrews D, et al. Against the green: a multi-method examination of the barriers to green consumption[J]. Journal of Retailing,2013,89(1):44-61.

[11] Chekima B, Wafa S A W S K, Igau O A, et al. Examining green consumerism motivational drivers: does premium price and demographics matter to green purchasing? [J]. Journal of Cleaner Production,2016,112:3436-3450.

[12] Murat I, et al. The impact of green product innovation on firm performance and competitive capability: the moderating role of managerial environmental concern[J].Procedia-Social and Behavioral Sciences,2012,62:854-864.

[13] Hasan Z, Ali N A. The impact of green marketing strategy on the firm's performance in Malaysia[J]. Procedia-Social and Behavioral Sciences,2015,172:463-470.

[14] 严立冬.绿色农业发展与财政支持[J].农业经济问题,2003(10):36-39.

[15] 何伟,严立冬.绿色农业生态补偿的财政金融支持[J].学术论坛,2012(4):125-128.

[16] 邓远建,肖锐,严立冬.绿色农业产地环境的生态补偿政策绩效评价[J].中国人口·资源与环境,2015,25(1):120-126.

[17] 胡雪萍,董红涛.构建绿色农业投融资机制需破解的难题及路径选择[J].中国人口·资源与环境,2015,25(6):152-158.

农户行为层次,忽视了农户的生产经营主体地位。

1.3.2 农业绿色发展评价研究综述

现有研究中,与农业绿色发展相关的研究很多,但明确提出"农业绿色发展"的文献还较少。现有农业发展评价研究主要集中在农业现代化、可持续发展和农业生态效益等方面。农业现代化概念自20世纪中期在我国提出以后,一直是学术和政策研究的重点,辛岭[1]、李丽纯[2]、龙冬平[3]等采用不同的方法对全国、区域、省级层面的农业现代化发展水平进行了评估和测算。自1992年世界环境与发展大会提出可持续发展概念以来,农业可持续发展评价一直是研究的热点和难点,牛文元[4]、高鹏[5]等通过构建系统化指数对全国、省级层面的农业可持续发展能力和水平进行了测评。在生态农业评价方面,高旺盛[6]、潘丹[7]、牛敏杰[8]等从综合指数、货币价值评估等视角对农业产业的生态价值和效益进行了测算。2015年十八届五中全会首次提出绿色发展理念以来,农业绿色发展理念不断深化,林卿和张俊飚[9]、于法稳[10]、罗必良[11]等都对农业绿色发展的概念内涵进行了辨析,但都还属于定性分析。金赛

---

[1] 辛岭,蒋和平.我国农业现代化发展水平评价指标体系的构建和测算[J].农业现代化研究,2010(6):646-650.
[2] 李丽纯.后现代农业视角下的中国农业现代化效益水平测评[J].农业经济问题,2013,34(12):7-14.
[3] 龙冬平,李同昇,苗园园,等.中国农业现代化发展水平空间分异及类型[J].地理学报,2014,69(2):213-226.
[4] 牛文元.中国农业资源的可持续性分析[J].自然资源学报,1996,11(4):293-300.
[5] 高鹏,刘燕妮.我国农业可持续发展水平的聚类评价:基于2000—2009年省域面板数据的实证分析[J].经济学家,2012(3):59-65.
[6] 高旺盛,董孝斌.黄土高原丘陵沟壑区脆弱农业生态系统服务评价:以安塞县为例[J].自然资源学报,2003(2):182-188.
[7] 潘丹,应瑞瑶.中国农业生态效率评价方法与实证:基于非期望产出的SBM模型分析[J].生态学报,2013,33(12):3837-3845.
[8] 牛敏杰,赵俊伟,尹昌斌,等.我国农业生态文明水平评价及空间分异研究[J].农业经济问题,2016,37(3):17-25.
[9] 林卿,张俊飚.生态文明视域中的农业绿色发展[M].北京:中国财政经济出版社,2012.
[10] 于法稳.习近平绿色发展新思想与农业的绿色转型发展[J].中国农村观察,2016(5):2-9.
[11] 罗必良.推进我国农业绿色转型发展的战略选择[J].农业经济与管理,2017(6):8-11.

美[1]、魏胜文[2]等分别构建了农业绿色发展评价体系,但由于概念理解、评价方法不同,指标选择差异较大,也难以同时实现时间维度和区域维度的比较。

定量评价是实现科学管理的基础,为此依据国家对农业绿色发展的具体要求及其概念内涵与外延,本书尝试构建更具有横向和纵向可比性的西藏农业绿色发展指数,对西藏全区及各地市的农业绿色发展水平进行初步评价,以期为推进西藏农业绿色转型提供决策支撑。

1.3.3 农户绿色发展技术选择的影响因素研究综述

农户是农业生产资源的占有者和使用者,其对农业技术的选择直接决定农业生产对生态环境的影响。农业绿色发展技术是一种农业生态环境友好型技术,农户采用该技术(如测土配方和绿色防控技术)可以有效缓解农业面源污染[3]。文化程度、家庭收入、种植面积、技术培训、组织化程度、相关政策等都是影响农户技术选择的重要因素[4-8]。农业绿色发展技术推广应用的主要障碍包括政策约束、市场约束、技术约束和个体约束[9-11]。

---

[1] 金赛美.供给侧改革背景下农业绿色发展评价指数研究[M].北京:经济管理出版社,2018.

[2] 魏胜文,乔德华,张东伟.甘肃农业绿色发展研究报告[M].北京:中国社会科学出版社,2018.

[3] 葛继红,周曙东,朱红根,等.农户采用环境友好型技术行为研究:以配方施肥技术为例[J].农业技术经济,2010(9):57-63.

[4] 黄季焜,胡瑞法,智华勇.基层农业技术推广体系30年发展与改革:政策评估和建议[J].农业技术经济,2009(1):4-11.

[5] 庄丽娟,张杰,齐文娥.广东农户技术选择行为及影响因素的实证分析:以广东省445户荔枝种植户的调查为例[J].科技管理研究,2010(8):90-92.

[6] 赵丽丽.农户采用可持续农业技术的影响因素分析及政策建议[J].经济问题探索,2006(3):87-90.

[7] 向东梅.促进农户采用环境友好技术的制度安排与选择分析[J].重庆大学学报(社会科学版),2011,17(1):42-47.

[8] Mengistie B T, Mol A P J, Oosterveer P. Pesticide use practices among smallholder vegetable farmers in Ethiopian Central Rift Valley[J]. Environment Development and Sustainability, 2017(19):301-324.

[9] 伍世良,邹桂昌,林健枝.论中国生态农业建设的五个基本问题[J].自然资源学报,2001,16(4):320-324.

[10] 沈宇丹,杜自强.环境友好型农业技术发展的难点和对策[J].生态经济,2009(2):116-120.

[11] 金书秦,沈贵银.中国农业面源污染的困境摆脱与绿色转型[J].改革,2013(5):79-87.

现有研究虽然对农户技术选择的影响因素进行了深入分析,却并未对农业绿色发展技术的概念进行界定,无法与环保技术、高新技术、清洁生产技术等概念区分开来,没有编制完整的技术清单,尚未构建农业绿色发展技术评估指标体系,缺少对重点技术的综合评估。并且,现有研究主要集中在传统粮食主产区,缺少对民族地区农牧民的调查和研究。

1.3.4 国内外农业绿色发展的实践经验与政策保障

美国、欧盟、日本等发达国家和地区推进农业绿色发展的政策主要分为两类:一是命令控制型政策,主要通过建立完善的法律、法规和标准等政策体系来实现,如美国的《有机农业法》、德国的《肥料使用法》和日本的《可持续农业法》[1];二是经济刺激型政策,主要由环境税、生态补偿、补贴等构成,如挪威、匈牙利、丹麦的化肥税政策[2]和美国最佳管理实践(BMPs)中的补贴政策[3]。我国在农业绿色发展方面进行了一些探索,如绿色农业示范区建设[4]。我国现行农业绿色发展政策主要包括农业生态补偿[5]和生产补贴[6]两种。

总体而言,我国农业绿色发展的政策手段较为单一,缺乏能够实现农业经济发展与生态环境保护双赢的政策设计。此外,现有研究很少从民族地区层面进行分析,使得研究结论和政策建议难以真实反映民族地区农业和农民的发展需求。

---

[1] 刘濛.国外绿色农业发展及对中国的启示[J].世界农业,2013(1):95-98.

[2] Ondersteijn C J M, Beldman A C G, Daatselaar C H G, et al. The dutch mineral accounting system and the European Nitrate Directive: implication for N and P management and farm performance [J]. Agriculture, Ecosystems and Environment, 2002(92): 283-296.

[3] Dowd B M, Press D, Huertos M L. Agricultural nonpoint source water pollution policy: the case of California's central coast[J]. Agriculture, Ecosystems and Environment, 2008 (128): 151-161.

[4] 张爱民.关于绿色农业发展若干关键问题的思考[J].中国食物与营养,2007(3):61-64.

[5] 梁丹,金书秦.农业生态补偿:理论、国际经验与中国实践[J].南京工业大学学报(社会科学版),2015,14(3):53-62.

[6] 周颖,尹昌斌.我国农业清洁生产补贴机制及激励政策研究[J].生态经济,2009(11):149-152.

1.4 研究内容与方法

1.4.1 研究内容

本书研究目的在于分析西藏农业绿色发展的现状和存在的突出问题,构建西藏农业绿色发展指数并对全区农业绿色发展水平进行定量测度,梳理西藏农业绿色发展的技术清单和政策需求,借鉴国内外农业绿色发展经验,分析西藏农业绿色发展的路径优化,提出西藏农业绿色发展的政策建议,对实现西藏农业现代化和可持续发展提供依据和参考。本书的主要内容包括如下9个方面:

(1) 农业绿色发展的理论基础。通过对农业绿色发展的概念、内涵和基本要求的分析,利用农业生态学理论、农业资源经济学理论和农户行为理论,为本书研究奠定坚实的理论基础。

(2) 西藏农业绿色发展现状与战略选择分析。基于搜集的相关资料和统计数据,从总量与结构两方面分析西藏农业发展现状,阐述西藏农业发展存在的主要问题,运用SWOT方法分析西藏农业绿色发展面临的优势、劣势、机遇和威胁,为西藏制定正确、高效的农业绿色发展战略提供决策依据和支撑。

(3) 西藏农业绿色发展指数构建与测算。构建包含资源节约、环境友好、生态保育和质量高效4个一级指标、11个二级指标的西藏农业绿色发展指数,搜集各指标的数据,对西藏全区及各地市的农业绿色发展指数进行测算,综合评价西藏农业绿色发展水平。

(4) 西藏农业绿色发展技术清单及综合评价。从农业投入要素和生产环节两个维度归纳现有农业绿色发展技术清单,编制西藏种植业和畜牧业的农业绿色发展技术清单;构建农业绿色发展技术评价指标体系,利用层次分析法,提出西藏农业绿色发展技术综合评价方法;从制度约束、市场约束、技术约束和个体约束4个方面分析西藏农业绿色发展技术推广和应用面临的主要障碍。

(5) 西藏农牧民农业绿色发展技术选择行为研究。根据现有文献,识别农户技术选择的主要影响因素,以林芝市巴宜区、米林县、工布江达县为调查区域,共发放 480 份调查问卷,获得 397 份有效问卷,识别农牧民采用农业绿色发展技术的意识、行为与意愿,运用 Probit 模型定量分析农牧民农业绿色发展技术选择的主要影响因素。

(6) 西藏农业绿色发展的政策需求。系统梳理十八大以来国家农业绿色发展政策体系以及西藏农业绿色发展政策体系,分析这些政策的主要内容及取得的效果,并基于调研结果,从技术需求、资金需求和市场需求 3 个方面分析西藏农牧民对农业绿色发展的政策需求。

(7) 国内外农业绿色发展实践。梳理湖北、贵州、云南推动农业绿色发展的主要做法,分析这些省份农业绿色发展的实践经验及存在的主要问题,并梳理欧盟、日本、美国、韩国等发达国家和地区的农业绿色发展经验,总结国内外农业绿色发展实践对西藏的经验和启示,为西藏农业绿色发展政策设计提供参考和借鉴。

(8) 西藏农业绿色发展的路径优化分析。基于西藏农业绿色发展路径优化的基本原则和基本思路,结合西藏农牧业发展特色,从农业绿色发展食物链能量闭环流动路径、生态价值延伸路径、产业链专业化路径和产业合作路径 4 个方面提出了西藏农业绿色发展的路径优化建议。

(9) 西藏农业绿色发展的政策设计。应用机制设计理论设计适合西藏农牧业特色的农业绿色发展政策,从财政支持、科技支撑体系、市场体系建设、人才培育和引进、政府公共服务强化 5 个方面提出了相关政策创设建议,为西藏农业绿色发展政策的制定提供参考。

1.4.2 研究方法

1) 文献分析法

梳理农户技术选择和农业绿色发展的国内外相关研究,识别影响农户技术选择的主要因素,归纳国内外农业绿色发展的经验。

2) 专家咨询法

构建西藏农业绿色发展技术评估指标体系,需要征求相关专家的意见,并通过专家打分法确定各指标权重。设计西藏农业绿色发展政策,也需要广泛征求相关专家、政府官员等的意见和建议。

3）问卷调查和部门访谈法

选择西藏典型地区、典型技术对农牧民进行问卷调查,并对政府部门进行访谈,调查西藏农业绿色发展现状、农牧民的技术选择行为及其政策需求。

4）统计与计量分析

采用等权重法对近年来西藏及各地市的农业绿色发展水平进行了初步评估,利用层次分析法对农业绿色发展技术进行综合评估,利用 Probit 等计量模型分析农牧民农业绿色发展技术选择的主要影响因素。

1.5 研究创新点与不足之处

1.5.1 主要创新点

本书的创新点主要包括下列 3 个方面:

1）研究视角的创新

本书从农牧民技术选择视角入手,对西藏农业绿色发展技术和政策进行综合评估和设计,使操作简便、经济有效、环境友好的农业绿色发展技术能够最大限度地推广应用,突破了现有研究忽视农户需求和民族地区经济、社会、生态特殊性的局限。

2）学术观点的创新

本书立足于西藏农业绿色发展的两大支撑——技术和政策,主张通过适用技术支持和合理政策设计,实现经济效益、社会效益和环境效益最大化,对实现西藏农业现代化和可持续发展具有一定的理论价值和实践意义,也对其他民族地区的农业绿色发展具有一定的借鉴意义。

3）研究方法的创新

本书除采用传统的文献分析、专家咨询等方法外,还应用 SWOT 方法、等权重法、层次分析法、Probit 模型等多种方法进行分析,丰富了现有关于农业绿色发展和农户技术选择行为的研究内容。

1.5.2 不足之处

受数据可得性的影响和著者水平的限制,本书存在的不足和有待进一步研究的问题如下:

(1)本书在利用等权重法对西藏及各地市的农业绿色发展水平进行评估时,时间段为2012—2016年,时间段较短,在之后的研究中还将进一步搜集相关数据,使得评估结果更有代表性。

(2)由于数据可得性的限制,本书只提出了西藏农业绿色发展技术评价方法,并未选取有代表性的农业绿色发展技术对其进行定量评价,今后随着数据可得性的提高,著者将对其进行定量研究。

(3)本书以林芝市为例进行农牧民农业绿色发展技术选择行为的实证研究,由于语言不通、表达和理解能力存在误差等方面的制约,只获得397份有效问卷,样本量有限,对西藏全区的代表性和典型性还有待论证。今后,著者还将赴其他地市进行深入调查和研究,使研究成果更有代表性。

(4)本书基于相关研究和实地调研情况,提出了西藏农业绿色发展的路径优化建议和政策创设建议,但农业绿色发展是个动态过程,且西藏推进农业绿色发展更加复杂,任务更为艰巨。受数据条件的客观限制,很难对这些机制及政策进行深入的定量分析,也无法评估相关农业绿色发展政策的效果。随着后续数据可得性的提高,可以对政策效果进行深入的研究。

2 农业绿色发展理论基础

2.1 农业绿色发展的概念界定

2.1.1 农业绿色发展的概念

绿色发展既是农业发展的目标,也是理念和举措。"绿水青山就是金山银山"是对绿色发展理念最具概括性的表述,突出强调了生态环境就是经济发展的内在要素。农业绿色发展就是以尊重自然为前提,以利用各种现代技术为依托,探索可持续发展的过程,实现经济、社会、环境、生态效益的协调统一。

对农业绿色发展的探索可以追溯到传统农业发展历程,中国传统农业蕴含着朴素的生态保护和物质循环利用思想,创造出了"天地合一、因地制宜、用养结合、良性循环、持续利用"的发展模式。但随着人口总量的快速上升、工业化进程的深入推进,传统的农业体系逐步瓦解,高投入、高能耗、高排放的石油农业成为实现高产目标的国际主流农业发展模式。20世纪70年代以来,伴随环境问题的日益凸显,可持续发展理念深入人心,并且衍生出了生态经济、低碳经济、循环经济等典型模式。

农业绿色发展不是对生态农业、循环农业、有机农业、绿色农业等农业类型的否定,而是取长补短、兼容并包,是一种内涵丰富的新型农业发展模式。本书认为,农业绿色发展是具有中国特色的农业可持续发展理念,它以绿色农业为主要载体,以绿色技术进步和绿色政策创设为核心,能够确保农业资源利用高效、产地环境良好、生态系统稳定、产品质量安全,提高农业综合经济效益[1-3]。根据农业生产领域的不同,可以将农业绿色发展分为种植业绿色发展和畜牧业绿色发展两类。农业绿色发展是内外部动力共同驱动的结果,主要包括消费者的需求偏好、企业竞争力提升的压力、绿色技术创新、政策激励等因素[4-6]。在资源条件和生态环境两个"紧箍咒"趋紧的背景下,推动农业绿色发展是加快农业现代化、促进农业可持续发展的重大举措,对保障国家粮食安全、资源安全和生态安全具有重大意义。作为国家重要的生态安全屏障和高原特色农产品基地,西藏在推进全国农业绿色发展的征程中具有特殊性和重要性。

2.1.2 农业绿色发展的内涵

十八大以来,党中央、国务院高度重视绿色发展。习近平总书记多次强调,绿水青山就是金山银山。中共中央、全国人大常委会、国务院与各部委,以绿色发展为导向,从农业资源保护利用和高效利用、农业面源污染治理、农业生态恢复保育、农产品质量安全及农村环境综合治理等各个方面,先后出台了一系列促进农业绿色发展的重要法律法规和规范性政策文件。特别是2017年10月,中共中央办公厅、国务院办公厅印发的《关于创新体制机制推进农业绿色发展的意见》(下文简称《意见》)是我国第一个关于农业绿色发展的文件,明确指出推进我国农业绿色发展的主要路径图。《意见》提出,把农业绿色发展摆在生态文明建设全局的突出位置,全面建立以绿色生态为导向的制度体系,基本形成与资源环境承载力相匹配、与生产生活生态相协调的农业发展格局,努力实现耕地数量不减少,耕地质量不降低,地下水不超采,化肥、农药使用量零增长,秸

---

[1] 李晓明.绿色农业与其发展对策探析[J].华中农业大学学报(社会科学版),2005(3):18-21.

[2] 严立冬,屈志光,邓远建.现代农业建设中的绿色农业发展模式研究[J].农产品质量与安全,2011(4):12-17.

[3] 屈志光,崔元锋,邓远建.基于多任务代理的农业绿色发展能力研究[J].生态经济,2013(4):102-105.

[4] 黄季焜,胡瑞法,智华勇.基层农业技术推广体系30年发展与改革:政策评估和建议[J].农业技术经济,2009(1):4-11.

[5] 赵大伟.中国绿色农业发展的动力机制及制度变迁研究[J].农业经济问题,2012(11):72-78.

[6] 胡雪萍,董红涛.构建绿色农业投融资机制需破解的难题及路径选择[J].中国人口·资源与环境,2015,25(6):152-158.

秆、畜禽粪污、农膜全利用,实现农业可持续发展、农民生活更加富裕、乡村更加美丽宜居。上述法律法规和政策文件共同构成了农业绿色发展的政策体系,为我国农业绿色发展指明了方向。

相比过去高投入、高产出、高排放的农业发展方式,农业绿色发展其核心要义是统筹协调农业发展的经济效益、社会效益、环境效益和生态效益,即实现资源节约、环境友好、生态保育和产品质量,要补齐生态建设和质量安全短板,实现资源利用高效、生态系统稳定、产地环境良好、产品质量安全。具体而言,农业绿色发展的内涵包括[1]:

(1) 农业绿色发展更加注重资源节约。这是农业绿色发展的基本特征。长期以来,我国农业高投入、高消耗,资源透支、过度开发。推进农业绿色发展,就是要依靠科技创新和劳动者素质提升,提高土地产出率、资源利用率、劳动生产率,实现农业节本增效、节约增收。

(2) 农业绿色发展更加注重环境友好。这是农业绿色发展的内在属性。农业和环境最相融,稻田是人工湿地,菜园是人工绿地,果园是人工园地,都是"生态之肺"。近年来,农业快速发展的同时,生态环境也亮起了"红灯"。推进农业绿色发展,就是要大力推广绿色生产技术,加快农业环境突出问题的治理,重显农业绿色的本色。

(3) 农业绿色发展更加注重生态保育。这是农业绿色发展的根本要求。山水林田湖是一个生命共同体。长期以来,我国农业生产方式粗放,农业生态系统结构失衡、功能退化。推进农业绿色发展,就是要加快推进生态农业建设,培育可持续、可循环的发展模式,将农业建设成为美丽中国的生态支撑。

(4) 农业绿色发展更加注重产品质量。这是农业绿色发展的重要目标。习近平总书记强调,推进农业供给侧结构性改革,要把增加绿色优质农产品供给放在突出位置。当前,农产品供给大路货多,优质的、品牌的还不多,与城乡居民消费结构快速升级的要求不相适应。推进农业绿色发展,就是要增加优质、安全、特色农产品供给,促进农产品供给由主要满足"量"的需求向更加注重

---

[1] 韩长赋.大力推进农业绿色发展[EB/OL].(2017-05-09)[2020-07-18].http://paper.people.com.cn/rmrb/html/2017-05/09/nw.D110000renmrb_20170509_1-12.htm.

"质"的需求转变。

2.1.3 农业绿色发展的基本要求

2017年10月,中共中央办公厅、国务院办公厅印发的《意见》指出,要实现农业绿色发展,有以下4方面的基本要求:

(1)坚持以空间优化、资源节约、环境友好、生态稳定为基本路径。牢固树立节约集约循环利用的资源观,把保护生态环境放在优先位置,落实构建生态功能保障基线、环境质量安全底线、自然资源利用上线的要求,防止将农业生产与生态建设对立,把绿色发展导向贯穿农业发展全过程。

(2)坚持以粮食安全、绿色供给、农民增收为基本任务。突出保供给、保收入、保生态的协调统一,保障国家粮食安全,增加绿色优质农产品供给,构建绿色发展产业链价值链,提升质量效益和竞争力,变绿色为效益,促进农民增收,助力脱贫攻坚。

(3)坚持以制度创新、政策创新、科技创新为基本动力。全面深化改革,构建以资源管控、环境监控和产业准入负面清单为主要内容的农业绿色发展制度体系,科学适度有序的农业空间布局体系,绿色循环发展的农业产业体系,以绿色生态为导向的政策支持体系和科技创新推广体系,全面激活农业绿色发展的内生动力。

(4)坚持以农民主体、市场主导、政府依法监管为基本遵循。既要明确生产经营者主体责任,又要通过市场引导和政府支持,调动广大农民参与绿色发展的积极性,推动实现资源有偿使用、环境保护有责、生态功能改善激励、产品优质优价。加大政府支持和执法监管力度,形成保护有奖、违法必究的明确导向。

2.2 理论基础

2.2.1 农业生态学理论

农业绿色发展的实践源于农业生态学的相关理论。农业生态学理论是遵循自然发展规律,根据自然界中的食物链和能量传递梯度设计的,利用自然系统内部物质循环和能量转化来建立自然合一的农业模式。农业生态学理论是以研究农业生态系统的结构、功能、发展演变规律为主要内容的理论体系。农业生态学理论在指导农业实践过程中,主要运用的理论包括农业生态系统理论、生态效应理论和整体效益原理。

农业生态系统是一个物质、能量、信息输出和输入的开放的复合系统。该系统受到来自自然规律的约束和人类行为的影响。基于农业生态方法,农业生态系统不断与其他系统进行物质交换和能量转换,有助于解决自然生态失调,有利于利用自然养分循环来促进农业生产,提高农业经济效益。

生态效应理论是指在生态系统中,充分利用空间层次,重视空间位置的互补,利用作物差异,从各个方面选择适应作物生长的空间,利用"生物共生互利"原理,减少资源投入,提高空间利用效率;充分考虑生产时间的互补,采取套作生产,利用种群间相居而安的原理,因地制宜地进行生态建设,合理安排生产时间,延长作物对生长季节的利用,节约劳动时间;协调土壤肥力,充实生态位原理,依据不同生物对营养元素的需要和利用情况不同而采取互补生产,协调土壤中的水分和养分供应。

整体效益原理是指生态农业在遵循生态学原理的基础上,还应运用现代的科学生产技术和科学管理技术,尊重生物生长规律,以保护生态环境为目标,以生态系统动态演化为导向,追求经济效益、生态效益和社会效益的统一。

农业绿色发展要继承和吸取传统农业的一些精华,综合运用现代农业科学技术,采用先进的种植和养殖技术措施,减少农业生产对环境的污染和不良影响,避免高投入和大量使用化学物质带来的弊病,使之成为一种全程生态环境友好的全新生产模式。农业生态学理论为农业绿色发展提供了技术和政策分析的理论基础。

2.2.2 农业资源经济学理论

农业资源经济学是资源经济学中侧重于解决农业资源的利用方式、利用效率和利益均衡问题的经济学科。农业资源是指那些可以用来生产农产品和发挥农业多种功能的自然因素和社会因素。其中,农业自然资源包括生物资源、土地资源、水资源、光热资源、大气资源等,农业社会资源包括劳动力资源、资金资源、技术资源、生产设施资源等。农业资源构成一个复合的多层次的系统,资源之间相互影响和制约,具有整体性、地域性、稀缺性、替代性和多功能性等特征。只有在农业资源优化配置和合理组合的前提下,农业生产才能实现经济、社会、生态综合效益的最大化。

农业资源的开发利用主要取决于社会消费需求和产品价格变化的引导,在系统内其他资源的数量和质量的约束下,对农业资源配置和组合的关系进行调整,以实现资源的有效利用和效益的最大化。农户和农业企业的生产活动受其控制的农业资源系统的条件约束,同时还要受农村经济、社会、生态系统的制约。农户和农业企业需要从系统外输入生产活动必需的一些资源(如生产资料、技术、管理),也会向系统外输出一些资源产品(如农产品、专利技术、废弃物)。农业系统的资源输出具有外部经济性,包括农业废弃物排放等外部不经济性。因此,应该合理配置资源,采用适用技术,一方面减少输入端农药、化肥等化学品的使用,另一方面减少输出端农作物秸秆、畜禽粪便等农业废弃物的排放。

农业绿色发展是一个复合系统,既存在输入、输出系统的资源和生产要素之间的关系,也存在经济、社会、生态环境子系统之间的关系,还存在农户、农业生产企业、政府等相关主体之间的关系。在农业资源和生产要素既定的条件下,人们通常按照收益最大化的原则进行生产决策,以获得最佳效益,实现农业绿色发展的基本目标。农业资源经济学理论为农业绿色发展提供了系统分析的理论基础。

2.2.3 农户行为理论

农户是农业生产活动的最基本单元,是农业生产资源的占有者和使用者。农民以户的形式和外部进行各种活动,农户内部各个家庭成员的利益是一致的,农户的生产活动和生活决策是围绕着共同利益这个中心而进行的,农户的生产活动一般可分为生产行为和消费行为,农户的生产行为主要包括生产投入、资源利用和技术采用。农户行为理论发展至今,主要有以下3个代表性学派：

一是理性小农学派，该学派的代表人物是美国经济学家舒尔茨，在《改造传统农业》一书中，舒尔茨指出合理的现代技术投入是改造传统农业的需求，农户是以利润最大化来指导生产和决策的，和资本主义企业家一样，小农是理性的经济人。波普金在《理性的小农》中也提出类似的观点，认为小农是把风险因素和各种利益反复权衡，最后为利润最大化而做出合理决策的理性人。这两个理论被后人概括成"舒尔茨—波普金命题"。同时舒尔茨指出发展中国家农户贫困的根源在于糟糕的政策。

二是生存小农学派，该学派以俄国经济学家切亚诺夫为主要代表，切亚诺夫在《农民经济组织》中指出，农民活动的最基本单位是家庭，生存是家庭成员生产活动的主要目的，农户追求风险最小化而不是利润最大化。该学派又被称为组织和生产学派。

三是历史学派，该学派以美籍华人黄宗智为主要代表，他认为由于耕地不足和就业机会的缺乏，农户只能投入大量的劳动力，在边际报酬非常低下的情况下仍然会继续投入劳动，农户边际报酬意识比较淡薄，从而造成"过密化"现象。

根据上述理论可知，农户的生产和消费行为不仅受到自身约束的影响，还受到社会经济环境以及政策环境的影响。因此，农户的行为及其影响因素可以放在统一的经济模型中，根据最大化或者最小化原则来进行行为选择。农户行为理论为本书分析西藏农牧民农业绿色发展技术选择的影响因素奠定了理论基础。

3 西藏农业绿色发展现状与战略选择分析

3.1 西藏农业发展现状

西藏是以畜牧业为主的典型高原农业区域,农业生产地域性明显,由西北向东南,畜牧业逐渐减少而种植业逐渐增加。其中,那曲市、阿里地区以草原畜牧业为主,而种植业主要集中在"一江两河"流域的拉萨市、山南市、日喀则市以及昌都市、林芝市的少部分区域。西藏农业主要以适应高寒环境的农牧产品为主,如牦牛、藏山羊等牲畜,青稞、小麦、马铃薯和油菜等作物。

3.1.1 农业总产值与结构分析

2000—2018年,西藏农业总产值不断增加,由2000年的51.2亿元增加到2018年的195.5亿元,年均增加7.7%(图3-1)。

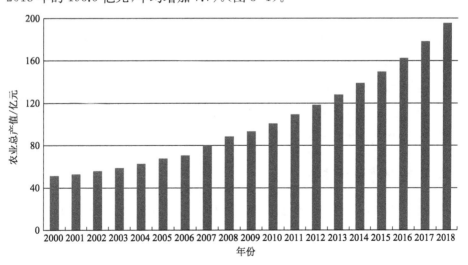

图3-1 2000—2018年西藏农业总产值

数据来源:《西藏统计年鉴(2019)》。

从农业总产值的结构来看,种植业和畜牧业占绝对比重,二者之和最大为97.8%,林业和渔业所占比重较低,二者之和最大不超过10%(图3-2)。2000—2018年,西藏畜牧业产值总体处于农业总产值的第一位,但2007年和2008年,种植业产值超越畜牧业成为主导产业。2018年,西藏畜牧业占农业总产值的比重为50.3%,种植业占农业总产值的比重为45.1%,林业、渔业和农林牧渔服务业仅占4.6%。

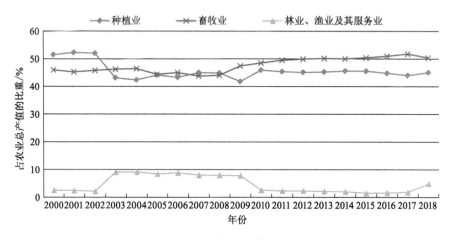

图3-2　2000—2018年西藏农业总产值结构变动

数据来源:《西藏统计年鉴(2019)》。

从农业总产值的区域分布来看,日喀则市的农业总产值位居第一,2018年其农业总产值为53.9亿元,其种植业和畜牧业产值也处于全区7个市(区)的第一位。昌都市的农业总产值处于第二位,2018年其农业总产值为44.8亿元。拉萨市的农业总产值处于第三位,2018年其农业总产值为32.8亿元。阿里地区的农业生产总值处于最后一位,2018年其农业总产值仅为8.6亿元(图3-3)。

3.1.2　种植业结构分析

2000—2018年,西藏主要农作物播种面积总体呈现增加趋势,由2000年的23.1万公顷增加到2018年的26.9万公顷(图3-4)。从种植业结构来看,青稞、小麦等粮食作物的播种面积最大,但是总体呈减少趋势,由2000年的20.1万公顷减少到2018年的18.5万公顷,占播种总面积的比重由2000年的87.2%

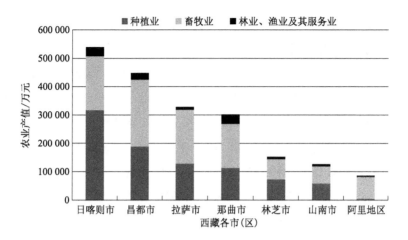

图 3-3　2018 年西藏各市(区)农业产值及其构成

数据来源:《西藏统计年鉴(2019)》。

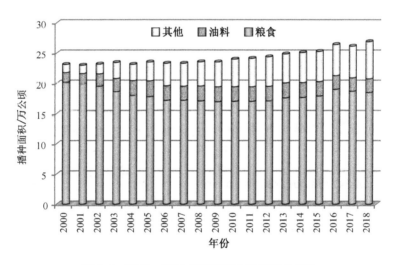

图 3-4　2000—2018 年西藏农业种植结构变动

数据来源:《西藏统计年鉴(2019)》。

下降到 2018 年的 68.7%;油菜籽、花生等油料作物的播种面积由 2000 年的 1.6 万公顷增加到 2018 年的 2.3 万公顷,占播种总面积的比重由 2000 年的 7.0% 提高到 2018 年的 8.4%;其他作物(蔬菜和青饲料)的播种面积由 2000 年的 1.3 万公顷快速增加到 2018 年的 6.2 万公顷,占播种总面积的比重由 2000 年的 5.8% 提高到 2018 年的 22.9%。这表明,近年来西藏调整和优化种植业结构取得了一定成效,在确保粮食安全的基础上,大力发展油料、蔬菜、青饲料等农产品生产,增加其种植面积(图3-5)。

从粮食作物的内部结构来看,青稞的播种面积始终占据绝对优势,总体呈现增加趋势,由2000年的13.2万公顷增加到2018年的14.0万公顷,占粮食作物播种面积的比重由2000年的67.6%提高到2018年的75.6%;小麦的播种面积位居第二,但呈现减少趋势,由2000年的5.2万公顷减少到2018年的3.2万公顷,占粮食作物播种面积的比重由2000年的26.7%下降到2018年的17.2%;豆类和薯类的播种面积相对较少,特别是豆类的播种面积由2000年的1.1万公顷减少到2018年的0.5万公顷,二者占粮食作物播种面积比重的均值为8.6%(图3-5)。

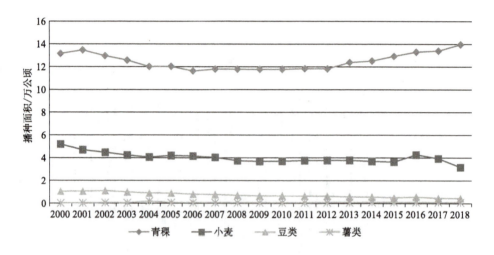

图3-5 2000—2018年西藏粮食作物种植结构变动

2000—2018年,西藏粮食总产量呈现有增有减的波动变化,由2000年的96.2万吨增加到2018年的104.4万吨(图3-6)。其中,青稞产量始终占据主导地位,由2000年的59.7万吨增加到2018年的77.7万吨,占粮食总产量的比重由2000年的62.1%提高到2018年的74.4%。蔬菜产量由2000年的17.4万吨增加到2018年的72.6万吨,年均增长率达到8.5%。青饲料产量由2000年的5.5万吨增加到2018年的41.1万吨,年均增长率达到11.8%。油料作物产量较少,由2000年的4.0万吨增加到2018年的5.8万吨,年均增长率为2.1%。

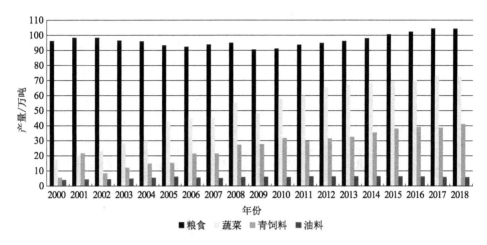

图 3-6　2000—2018 年西藏主要农作物产品产量

由上述分析可见,西藏种植业结构单一,粮食作物占绝对比重。粮食作物中,青稞和小麦播种面积占绝对优势,2000—2018 年占粮食作物播种面积比重的均值达到 91.4%,它们对土地肥力的耗费较大,使得西藏本就贫瘠的地力生产力更加低下[1]。

3.1.3　畜牧业结构分析

2000—2018 年,西藏牲畜存栏量呈现先增加后减少的波动变化(见图 3-7)。2000—2004 年,牲畜存栏量由 2 266 万头(只、匹)缓慢增加到 2 509 万头(只、匹),年均增长率为 2.6%;2005—2018 年,牲畜存栏量由 2 415 万头(只、匹)减少到 1 726.5 万头(只、匹),年均降低率为 2.6%。其中,羊的数量占比最大,其变动趋势与牲畜存栏量保持一致,由 2000 年的 1 664 万只减少到 2018 年的 1 046 万只,占牲畜存栏量的比重由 2000 年的 73.4% 下降到 2018 年的 60.6%。大牲畜存栏量总体呈现上升趋势,由 2000 年的 579 万头(只、匹)增加到 2018 年的 640.5 万头(只、匹)。猪的数量所占比重较小,但是呈现增加趋势,由 2000 年的 23 万头增加到 2018 年的 39.9 万头,占牲畜存栏量的比重由 2000 年的 1% 上升到 2018 年的 2.3%。

---

[1] 孙自保,李萍,冯平.西藏农业生产结构分析及调整措施初探[J].中国农学通报,2006,22(7):603-606.

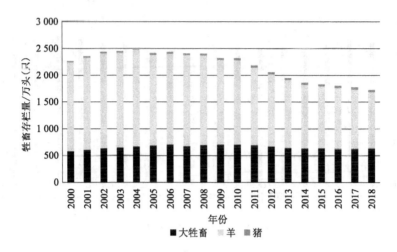

图 3-7　2000—2018 年西藏年末牲畜存栏量及其构成

数据来源:《西藏统计年鉴(2019)》。

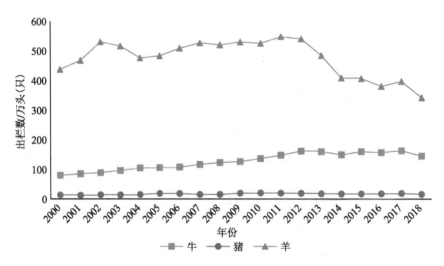

图 3-8　2000—2018 年西藏牛、猪、羊出栏数量

数据来源:《西藏统计年鉴(2019)》。

2000—2018 年,西藏牛、猪、羊出栏数量波动变化见图 3-8。羊的出栏数量最多,由 2000 年的 437.5 万只下降到 2018 年的 342.1 万只,其中经历了 2002 年的 530.4 万只和 2011 年的 547.8 万只两次峰值。牛的出栏量次之,呈现增加趋势,由 2000 年的 80.1 万头增加到 2018 年的 145.4 万头,年均增长率 3.8%。

猪的出栏量最少,总体呈现缓慢增加趋势,由 2000 年的 13.6 万头增加到 2018 年的 16.5 万头,年均增长率 1.2%。但是,从出栏率来看,猪的出栏率最高,平均出栏率达到 54.2%;羊的出栏率次之,平均出栏率为 28.4%;牛的出栏率最低,平均出栏率仅为 17.6%。

2000—2018 年,西藏猪牛羊肉产量不断增加,由 2000 年的 14.9 万吨上升到 2018 年的 27.8 万吨,年均增长率 3.5%(图 3-9)。其中,牛肉产量最高,由 2000 年的 8.5 万吨增加到 2018 年的 20.9 万吨,占猪牛羊肉总产量的比重由 2000 年的 57.0% 增长到 2018 年的 75.2%;羊肉产量次之,呈先增后降的趋势,由 2000 年的 5.7 万吨增加到 2018 年的 5.9 万吨,2011 年达到产量的峰值(8.6 万吨);猪肉产量较小,由 2000 年的 0.8 万吨增加到 2018 年的 1.1 万吨。西藏奶类产量平稳增加,由 2000 年的 20.4 万吨增加到 2018 年的 40.9 万吨,年均增长率 3.9%。其中,牛奶所占比重最大,由 2000 年的 16.2 万吨增加到 2018 年的 36.5 万吨,占奶类产量的比重由 2000 年的 79.4% 增加到 2018 年的 89.2%。

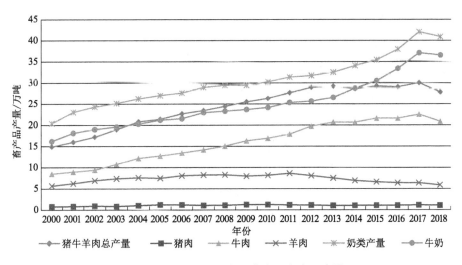

图 3-9　2000—2018 年西藏主要畜产品产量

数据来源:《西藏统计年鉴(2019)》。

由上述分析可见,西藏畜牧业结构单一,是以反刍类家畜为主的草食型畜牧业,这种畜群结构对天然牧草和青饲料等人工饲料的需求较高。此外,这种单一的畜群结构也在一定程度上制约了西藏畜牧业的发展。

3.1.4　西藏农业发展存在的主要问题

改革开放以来,在国家援藏政策的大力支持下,西藏农业逐渐由传统农业向现代农业转变,农业总产值快速增加,农产品产量和商品率稳步增加,农业特色产业快速发展,农业科技水平快速提升,农牧民收入显著提高。需要注意的是,全区农业发展仍然存在不少问题与障碍。概括起来,主要包括如下 5 个方面:

1) 资源空间不足,制约农业发展规模

西藏耕地面积小,保障粮食安全的压力大,粮经饲种植结构调整难度大;天然草场面积虽然大,但由于生态环境脆弱,可利用率较低,草原畜牧业发展受限,商品率低。每一种农牧产品的适宜区域与产出量都较小,难以形成规模化产出优势。受产量、规模限制,特色农产品虽然种类丰富,但无法满足市场需求。

2) 基础设施落后,防抗灾能力弱

农田灌溉设施不配套,灌溉水有效利用系数低,中低产田比重大,全区旱涝保收农田面积仅占农作物播种面积的 30%;天然草场围栏面积不足可利用草场面积的 10%,可灌溉草场面积不足 1%,人工饲草料基地建设不足;高寒牧区棚圈建设滞后,因干旱、霜冻等自然灾害造成的损失严重。

3) 科技服务体系建设滞后,科技创新和转化能力不足

西藏农牧业科技人才匮乏,农牧业科技服务体系基层薄弱。多数市、县级农技推广部门技术专业科技人员少,高学历高层次的技术人员更少,特别是基层畜牧兽医技术工作强度大、条件艰苦、待遇低,队伍在不断萎缩,人才青黄不接。全区平均每一名农业技术干部承担的耕地面积达 3 000 亩,每一名畜牧兽医技术人员服务的牲畜数量达 4 000 头(只、匹)。全区科技创新能力弱,科技成果应用转化慢。2019 年,西藏科技对农牧业的贡献率增加到 51%,但是仍比全国平均水平(59.5%)低 8.5 个百分点,制约了西藏农业的现代化发展进程。

4) 农牧民文化水平和劳动技能较低,增收压力较大

由于特殊的历史环境及文化教育事业发展滞后等原因,西藏农牧民受教育年限短,接受和掌握先进农牧业技术的难度大,不适应传统农牧业向现代农牧业转变的要求。在传统的农牧生产方式下,全区不少地方的农牧民满足于自然经济下的生活方式,缺乏合作意识,生产以自给自足为基本目标,所能提供的农产品商品量有限,农牧业生产效益差,农牧民收入低。2000—2018年,西藏农村居民可支配收入不断增加,由2000年的1 326元增长到2018年的11 449.8元,年均增长率12.7%(图3-10)。但是,西藏农村居民收入水平仍然较低,且增速逐渐下降。2018年,全区农牧民人均纯收入11 449.8元,在全国31个省区中排第26位,与全国农村居民人均可支配收入的平均水平(14 617元)相差3 167.2元。要实现到2020年全区农牧民人均纯收入接近全国平均水平的目标压力较大。

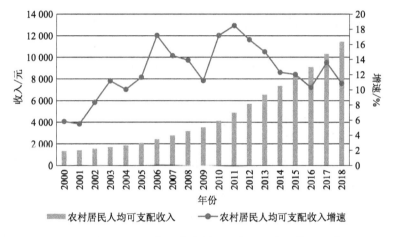

图3-10　2000—2018年西藏农村居民人均可支配收入及增速

数据来源:《西藏统计年鉴(2019)》。

5) 市场发育不全,服务体系落后

受传统生活和生产观念的影响,西藏农牧民商品意识淡薄,缺乏市场经济观念,农产品流通转化渠道有限。以信息化、电子商务和网络技术为特征的现代商贸物流体系尚未形成,原料供给、生产加工和产品终端市场供求信息不对称,限制了全区农畜产品的流通,市场对特色产业的引导作用发挥不够。社会性的中介服务组织发展滞后,尤其是信息技术、金融市场、工程咨询设计和中介组织机构等现代服务体系落后,难以适应西藏特色资源转化为特色产业的发展需求。

3.2 西藏农业绿色发展的战略意义

西藏走农业绿色发展之路是西藏人民同全国一道全面建成小康社会的必由之路,是西藏建设国家重要的安全屏障、重要的生态安全屏障、重要的战略资源储备基地、重要的高原特色农产品基地、重要的中华民族特色文化保护地和重要的世界旅游目的地"两屏四基地"的重要举措,对促进西藏农牧业经济更好、更快发展,增加农牧民收入,改善西藏农业生态环境,推进经济发展方式转变,实现西藏经济社会跨越式发展和长治久安具有重要的现实意义。

3.2.1 农业绿色发展是西藏实现农业现代化的必然选择

西藏独特的资源环境特点为其高原特色农牧业绿色发展创造了独特优势,顺应了当前国内外农牧产品市场需求结构呈现的多元化和优质化趋势。西藏的牦牛肉、羊毛、羊绒、食用菌等是市场化、国际化水平都比较高的高价值特色农产品,是我国具有国际竞争力的知名品牌产品。加快发展特色农业绿色产品,以保障农产品供给、增加农民收入、促进可持续发展为目标,在市场机制与政府调控的综合作用下,不断提高农业资源利用率、土地产出率和劳动生产率,将高原特色资源优势转化为现实的特色产品竞争优势,是探索发展具有西藏特色现代农牧业之路的必然选择,对于增强农业综合生产能力、保障西藏农产品有效供给和粮食安全意义重大。

3.2.2 农业绿色发展是西藏建成全面小康社会的有效手段

通过农业绿色发展,在优势区域培育具有竞争力的主导产业,可以有效促进一二三产业融合发展,提升产业的综合效益,有效聚集土地、资金和人口等要素,使农牧民更多地实现转移就业,形成农牧民收入持续增长的长效机制。农业绿色发展有利于提升农牧民的生活质量,既能满足其自身的农产品需求,又能将特色农产品以较高的市场价格销到区外,增加农牧民的收入和购买能力。由此可见,农业绿色发展能够帮助西藏实现跨越式发展和富民强区的目标,也是西藏推进产业结构升级和新型城镇化发展、全面建成小康社会的关键。

3.2.3　农业绿色发展是西藏实现农牧业可持续发展的有效途径

西藏生态环境具有脆弱性和敏感性,是国家重要的生态安全屏障。农业绿色发展遵循保护性开发的原则,用现代农业生产方式和科学技术提质增效,在重点区域重点发展,优化农牧区生产生活面貌,坚持走清洁生产、循环经济的产业发展道路,有利于自然资源的合理利用和生态环境的保护,实现西藏农牧业可持续发展,达到经济效益、社会效益和环境效益最大化。

3.3　西藏农业绿色发展战略选择(SWOT)分析

SWOT分析法由哈佛大学商学院安德鲁斯教授在20世纪70年代提出。SWOT分析即内、外部环境分析,是Strength(优势)、Weakness(劣势)、Opportunity(机遇)及Threat(威胁)的统称,其中优势和劣势代表内部因素,机会和威胁代表外部因素。本部分利用SWOT分析框架对西藏农业绿色发展的内外部环境进行分析和评价,为制定正确、高效的发展战略和模式提供决策依据和支撑[1]。

3.3.1　优势

1) 生态环境质量良好

西藏无论是大气环境、水环境还是土壤环境质量,都有着极其显著的优势。根据《2019年西藏自治区生态环境状况公报》,2019年全区主要江河、湖泊水质整体保持良好,达到国家规定相应水域的环境质量标准;环境空气质量整体保持优良,全区环境空气平均优良天数比例为99.6%;土壤环境质量状况处于安全水平。西藏全区共有天然草地面积8 820.2万公顷,其中,可利用天然草地面积7 716.6万公顷,居全国首位。现有森林1 491万公顷,湿地652.9万公顷,并拥有世界上独一无二的高原湿地。此外,西藏水资源丰裕,全区多年平均水资源量高达4 394亿立方米,水资源理论蕴藏量达2.01亿千瓦,居全国首位。

---

[1] 周芳,等.基于SWOT分析的西藏农业绿色发展对策研究.经济研究参考,2018,(33):52-59.

良好的生态环境为其农业绿色发展提供了较好的资源环境条件,孕育了特色鲜明的农畜产品,"西藏生产"在全国、全世界都是代表食品安全的标志,造就了"波密"天麻、"雅砻源"藏鸡蛋、"岗巴"羊、"藏缘"青稞酒等多个原生态绿色食品品牌。全区已建立13个地(市)县150个绿色(有机)食品生产基地。

2）生物多样性突出

西藏是世界上生物多样性最为丰富的地区之一,是生物多样性重要基因库。全区有野生植物9 600多种,高等植物6 600多种。隶属于270多科1 510余属,有855种为西藏特有。有特殊用途的藏药材300多种。有212种珍稀濒危野生植物列入《濒危野生动植物种国际贸易公约》附录。西藏动物种类极为丰富。野生脊椎动物795种,其中两栖类45种,爬行类55种,鸟类492种,兽类145种,鱼类58种13亚种。全区大中型野生动物数量居全国第一位,现有野生动物中被列为国家重点保护的有125种,占全国野生重点保护动物的1/3以上,其中国家一级重点保护动物45种,如滇金丝猴、藏羚羊、黑颈鹤,国家二级重点保护动物80种,如盘羊、岩羊、藏雪鸡。截至2016年底,全区已建立各类自然保护区47个,保护区总面积41万平方公里,占全区国土面积的34%。

3）特色农业资源丰富

西藏位于世界"第三极",独特的地理位置造就了西藏独特的农业资源。西藏特色农作物资源主要包括高原特色粮食作物、藏药材、林下资源、蔬菜、林果、茶叶等。粮食作物主要有青稞、小麦、豌豆、马铃薯四类,以青稞为主,青稞总产量突破了70万吨。其中,仅拉萨市保存的青稞品种资源就有1 300多份,有长芒、短芒、对芒、钩芒、无芒等多种类型,籽粒有白色、灰色、黑色、紫色、淡红色等多种颜色类型,有高产型、品种型、保健型等不同类型[1]。藏药材有300多个品种,主要包括冬虫夏草、手掌参、高山龙胆、贝母、红景天、天麻等；林下资源中有400多种食用菌、138种药用菌,以松茸的产量和市场需求量最大。随着农业科技进步和温室大棚的推广使用,西藏陆续引进并已种植成功了多种蔬菜和水果。蔬菜主要有油菜、萝卜、白菜、辣椒、黄瓜等,水果主要有苹果、梨、桃、葡萄、核桃等。茶叶主要为高原绿茶,其茶多酚含量普遍高于内地同类绿茶品种。

---

[1] 胡俊,毛浓文,赵润彪.拉萨市青稞产业化的SWOT分析[J].现代农业科技,2011(12):375-378.

西藏特色畜禽资源主要包括藏牦牛、藏绵羊、绒山羊、藏猪、藏鸡等,这些畜禽品种均被列入《国家级畜禽遗传资源保护名录》,都具有很高的市场价值,受到众多消费者的青睐。

3.3.2 劣势

1) 自然条件差,抗御自然灾害能力弱

西藏特殊的地形地貌、气候条件等自然条件给农业绿色发展带来了一定的制约。全区宜农耕地较少,2019年,西藏耕地面积为368.9万亩,人均不到2亩,且大部分耕地土壤贫瘠,保水保肥能力差。天然草场面积虽然大,但由于生态环境脆弱,可利用率较低,草原畜牧业发展受限,商品率低。水资源时空分布不均,年内降水主要集中在6~9月,降水量约占全年降水量的80%,同时60%的区域处在干旱、半干旱、少雨缺水地带,季节性、区域性、工程性缺水突出。干旱、霜冻、雹灾与病虫害等自然灾害频发,造成西藏农业绿色发展先天不足。总体来说,西藏农牧业综合生产能力较低,抗御自然灾害能力弱,未能从根本上改变"靠天吃饭"的局面。

2) 生产方式落后,科技基础薄弱

西藏大部分地区农业生产方式落后,种植业和畜牧业仍以传统方式进行。如西藏牧区牛、羊养殖仍以草场放牧为主,基本上是完全依赖于天然草地的落后生产方式,导致牛、羊冷季因缺料掉膘;牧区还饲养着不少应该淘汰的老弱病残牛、羊,它们已经失去了饲养价值,消耗了宝贵稀缺的饲草资源,造成资源的浪费等。西藏科技基础薄弱,农牧业科技人才匮乏,农牧业科技服务体系基层薄弱,使得节水节肥节药的农作物新品种选育速度慢,配方施肥、统防统治等农业绿色发展技术应用和推广缓慢。2019年,西藏科技对农牧业贡献率增加到51%,但是仍比全国平均水平(59.5%)低8.5个百分点,制约了西藏农业现代化发展进程。

3) 农牧民文化水平较低,绿色发展意识淡薄

由于特殊的历史环境及文化教育事业发展滞后等原因,部分西藏农牧民思想观念较落后,文化水平较低,农业生产方式粗放,绿色发展意识淡薄,不愿为农业绿色发展投入更多成本,对农业绿色发展技术的接受度低,其技能素质与农业绿色发展的要求并不完全匹配。此外,西藏农牧民老龄化现象突出,多数年轻藏族群众从事农业生产的积极性低,也在一定程度上造成西藏农业生产水平较低,进一步加大了推进农业绿色发展的难度。

3.3.3 机遇

1) 农业基础设施建设快速发展

近年来西藏农田水利等农业基础设施建设快速发展。根据《西藏自治区水利改革发展"十三五"规划》,"十二五"期间,全区新增和改善农田灌溉面积149.9万亩、林草地灌溉面积51万亩,农田有效灌溉面积达到365万亩,建成高标准农田162万亩,灌溉水有效利用系数达到0.414。旁多水利枢纽工程、拉洛水利枢纽及配套灌区工程,雅砻、恰央水库,澎波、江北灌区等重点工程在建设中。这些水利工程建成后将对保障粮食增产、防减自然灾害发挥重要作用。例如,位于拉萨市林周县旁多乡的旁多水利工程预计控制灌溉面积65.28万亩,年增产粮食约25.5万吨。到2020年,全区计划新增和改善农田有效灌溉面积120万亩,解决一批人工饲草料地的灌溉问题,供水保障程度显著提高,新增供水能力5亿立方米[1]。西藏农业基础设施条件不断改善,使得农业规模经营初步显现,综合生产能力不断提高,农牧民收入持续增加。

2) 交通等配套设施不断完善

由于自然条件、历史原因等方面的限制,长期以来西藏交通落后,农产品交通运输成本高,市场竞争力差。但是,近年来西藏交通等配套设施建设不断完善,为西藏农业绿色发展创造了有利条件。铁路方面,2006年7月青藏铁路正式通车、2014年8月拉日铁路正式建成,目前川藏铁路正在分段建设,其中拉萨至林芝段已于2015年6月开工建设,铁路路网总长度为796.6公里;航空方面,截至2019年10月,西藏民航航线总数达101条,通航城市为51个,每日平均出港航班130架次,拉萨、日喀则、林芝、昌都、阿里等5个地(市)都有自己的民用机场;公路方面,截至2019年底,西藏公路通车总里程达到10.4万公里,其中农村公路7.4万公里,占比71.2%。随着以铁路、航空、公路为主

---

[1] 靠天吃饭成为历史——西藏打通农田灌溉"最后一公里"[EB/OL].(2015-09-09)[2020-05-18]. http://news.xinhuanet.com/fortune/2015-09/09/c_1116510750.htm.

体的交通网络不断完善,西藏的物流业也实现了从无到有的飞跃,有利于将其特色农产品以更快的速度、更低的成本运往区外。交通等配套设施的日益完善,加快了农牧业和农牧区经济的市场化进程,增加了人流、物流和信息流,极大地带动了特色资源的开发,为西藏农业绿色发展开辟了更加广阔的空间。

3) 相关政策支持力度持续加大

农牧业是西藏小康之基、发展之本、稳定之要。"十二五"以来,农业部(现为农业农村部)与西藏自治区都非常重视西藏农业绿色发展问题,出台了相关政策大力支持西藏农业绿色发展。根据中央第六次西藏工作座谈会精神,2015年10月,农业部印发了《农业部关于支持西藏农牧业绿色发展促进农牧民增收致富的意见》,通过建设特色种植基地、打造高原特色现代畜牧业等十大举措推进西藏农牧业绿色发展,"十二五"期间累计安排各类资金149亿元支持西藏农牧业发展。自治区层面出台了《关于加快推进现代农牧种业发展的意见》《西藏高原特色农产品基地发展规划(2015—2020年)》《西藏自治区关于加快发展农牧民专业合作经济组织意见(试行)》等,深入实施了"科技富民强县稳边"科技重大专项,为西藏高原特色现代农业绿色发展提供了政策支持和坚强保障。在这些政策的支持下,西藏多项并举推动农业绿色发展。例如,建设种养循环农牧业示范区,实施农牧业节水工程,实施土壤污染防治计划,推进山水林田湖保护、修复,加强水土保持工程建设等。

4) 市场需求日益增加

随着社会经济发展和人民收入水平的提高,以及近几年食品安全事件频繁发生,消费者对优质、营养、安全食品健康消费意识迅速增强,对绿色健康食品的消费需求不断增加。西藏独特的农业自然环境和气候条件,孕育了独特而鲜明的农畜产品,加之受现代工业污染极少,其农业资源具有天然绿色特征,青稞、牦牛肉、藏系羊肉、松茸、黄蘑菇、冬虫夏草等高原特色可食用动植物资源是天然的绿色食品,营养价值高。这些西藏特色农业资源及其加工产品的市场需求越来越大,必将赢得国内外广大消费者的青睐,为西藏农业绿色发展提供了重大机遇。同时,西藏旅游经济的快速发展也将为高原特色绿色农牧产品提供广阔的市场空间,农牧业可以与旅游产业结合起来,相互融合、协同发展。此外,在我国"一带一路"倡议中,西藏作为我国与南亚的通商要道,其"南亚通道"市场将进一步扩大,会有越来越多的特色优势农畜产品出口外销到南亚市场。

3.3.4 威胁

1) 农业面源污染形势严峻

西藏农业经济快速增长也付出了一定的资源环境代价,农业面源污染问题日益严重,主要表现为3个方面:化肥、农药等农业化学投入品的过量使用,农作物秸秆、畜禽粪便、农膜等农业废弃物的排放以及农牧民污水、垃圾等生活废弃物的排放。这些问题已经成为制约农业健康发展和国家生态安全屏障建设的瓶颈。利用单元调查法,对2000—2016年西藏农业面源污染排放总量及强度进行核算。结果表明,2000—2016年,西藏农业面源污染的TN、TP排放量基本呈现有增有减的平稳变动趋势(图3-11)。其中,TN排放量由2000年的90 852.0吨变为2016年的99 390.5吨,年均增长约0.6%,TP排放量由2000年的13 499.5吨变为2016年的14 824.4吨,年均增长约0.6%[1]。

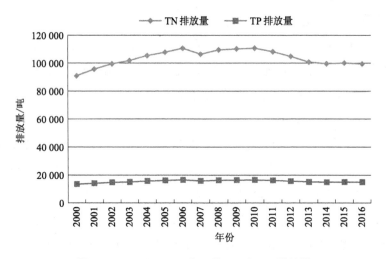

图3-11 2000—2016年西藏TN和TP排放量

---

[1] 周芳,金书秦,张惠.西藏农业面源TN、TP排放的空间差异与分布特征[J].中国农业资源与区划,2019,40(1):35-41.

农业面源污染排放强度是指单位土地面积的农业面源污染排放量的积聚程度,用农业面源污染排放量与土地面积的比值来表示,可以在一定程度上表征西藏各地市农业面源污染负荷程度。结果显示,2000—2016年,拉萨市TN和TP排放强度最高,平均强度分别为364.2千克/公里^{2}和54.2千克/公里^2,远高于全区其他地市水平,甚至大幅高于全国平均水平[1]。昌都市TN和TP排放强度居第二位,平均强度分别为236.2千克/公里^{2}和34.8千克/公里^2;山南市和日喀则市TN和TP排放强度分居第三和第四位,但二者相差不大,其中山南市TN和TP平均排放强度分别为104.9千克/公里^{2}和15.6千克/公里^2,日喀则市TN和TP平均排放强度分别为97.5千克/公里^{2}和14.9千克/公里^2;那曲市和林芝市TN和TP排放强度分居第五和第六位,其中那曲市TN和TP平均排放强度分别为66.6千克/公里^{2}和9.8千克/公里^2,林芝市TN和TP平均排放强度分别为48.0千克/公里^{2}和7.1千克/公里^2;阿里地区TN和TP排放强度最低,平均强度分别为12.6千克/公里^{2}和1.9千克/公里^2,远低于全区其他地市水平。综合考虑到农业面源污染总量和负荷强度,拉萨市、昌都市、日喀则市、那曲市应当作为西藏农业面源污染治理的重点。

为了更直观地反映西藏各地市农业面源污染排放强度差异,本书借助GIS空间分析平台研究了2016年西藏各地市TN和TP排放强度分布情况,其中拉萨市TN和TP排放强度最高,位于第一层级;昌都市TN和TP排放强度次之,位于第二层级;山南市和日喀则市TN和TP排放强度位于第三层级;那曲市和林芝市TN和TP排放强度位于第四层级;阿里地区TN和TP排放强度最低,位于第五层级。

2) 新型城镇化挤占农业用地

西藏新型城镇化为西藏带来了重大发展机遇,也是西藏全面建成小康社会的必由之路。但是,西藏新城镇化建设给当地农业发展带来了一些负面影响,主要表现在城镇化在一定程度上占用了农业资源特别是耕地资源。2019年,西藏城镇化水平为32%,比2012年增长9.3%。随着城镇化进程的加快,征地数量越来越大,对农业用地的挤占量逐渐增加,使全区本就稀少的耕地资源更加

---

[1] 按照第一次全国污染普查数据计算,农业TN的全国平均强度是281.3千克/公里^2,农业TP为29.2千克/公里^2。

稀缺,这在很大程度上限制了西藏农业的绿色发展。

3) 农牧民受农业生产惯性思维的影响

西藏农牧民往往沿袭传统农业的种植和养殖方式,农业生产技术落后,农业生产条件较差,农业资源利用率和农业生产效率普遍低下。此外,受传统农业经营方式的制约,西藏农牧民家庭经营收入的主要来源仍为青稞等粮食作物种植和牦牛等畜产品养殖,藏药、蔬菜、食用菌、蚕豆、奶制品等绿色优质农畜产业仍然发展缓慢,由此造成农业组织化、产业化、市场化程度较低,农产品市场竞争力低。

4) 市场竞争日益激烈

虽然西藏拥有丰富而独特的特色农牧业资源,但是其相对闭塞的地理位置使得西藏农业绿色发展面临着云南、四川、青海、甘肃四省藏区的强有力竞争。以青稞生产为例,青海、甘南、迪庆、川西等青稞产区的市场化程度更高,市场发育更成熟,距离内地市场更近,比西藏青稞更具有竞争优势,给西藏农业绿色发展带来巨大挑战。因此,西藏要大力培育和推广优质农作物新品种和良种牲畜,加快发展农牧业特色产业,建设高原特色农畜产品基地,增强农畜产品的核心市场竞争力。

3.3.5 综合分析

综上所述,西藏农业绿色发展的优势主要来源于自身独特的资源生态环境和特色农业资源,机遇来源于国家绿色发展理念和西藏经济社会的跨越式发展,劣势和威胁则与西藏的自然条件限制及农牧民素质制约有关。西藏农业绿色发展之路任重道远,优势与劣势并存,机遇与威胁共生,需要立足西藏自然地理资源条件、经济社会发展的阶段性特征和欠发达少数民族地区等特征,紧扣区情,尊重民意,强化政策扶持、科技支撑和主体培育,将劣势转化为优势,将威胁转化为机遇。探索西藏高原特色现代农牧业绿色发展道路,要按照"保护开发,综合治理,建管并重"的原则,抓好"四突出、四促进":突出生态保护,促进农牧业绿色发展;突出高原优势,促进壮大特色产业;突出科技支撑,促进完善农牧业服务保障体系;突出改革创新,促进增强农村发展活力。

1) 突出高原优势,促进壮大特色产业

立足于西藏独特的农业自然环境和气候条件,以西藏高原特色绿色农牧产品为市场导向,重点开发牦牛肉、藏香猪、藏鸡、野生菌类、冬虫夏草、藏药材等具有高原特色的绿色、有机、无公害农产品。创建一批规模化的高原特色绿色农产品生产基地,创立一批具有藏区特色的绿色农产品品牌,形成一批具有市场竞争力的绿色农产品龙头企业,培养一批种养大户、家庭农场等农业新型经营主体,逐步形成"生产基地+龙头企业+农户""龙头企业+农合组织+农户""订单农业"等农业绿色产业链模式,壮大特色产业集群,延长农业产业链条,建设现代农业产业园区。提高高原特色农产品的加工增值能力、运储保鲜能力和市场开拓能力,促进一二三产业融合发展,帮助当地农牧民从事相关职业和增加可支配收入。充分挖掘西藏各地的自然、人文及少数民族特色文化优势,发挥农业多功能作用,大力发展休闲观光农业,将农牧区变成景区和园区,吸引内地游客来休闲避暑度假,带动农牧民脱贫致富。

2) 突出生态保护,促进农业绿色发展

立足于西藏生态环境的脆弱性和敏感性,及其作为国家生态安全屏障的战略地位,遵循保护性开发的原则,坚持走清洁生产和循环经济的产业发展道路,在农业生产全过程使用绿色发展技术,减少化肥、农药等农业化学投入品的使用量,提高畜禽粪便、农作物秸秆等农业废弃物的资源化率,降低农业生产对生态环境的污染和破坏。基于全区自然资源、地理区位、生态环境等基础条件,以市场和消费需求为导向,充分挖掘地理区位、生态环境、文化特色优势,本着发挥其已有生态环境优势的思路,将发展高原特色绿色有机农业确定为农业绿色发展的战略方向,使青山绿水成为农民脱贫致富的新支点、农业农村可持续发展的新动能。同时,积极开展农业生态环境治理和修复工作,推进退牧还草、秸秆综合利用、人工种草与天然草地改良、农业生物资源保护等生态安全屏障保护与建设工作,建立健全农业绿色发展生态补偿机制,切实保护和改善西藏的农业生态环境,实现西藏农牧业可持续发展。

3) 突出科技支撑,促进完善农牧业服务保障体系

推进西藏农业绿色发展离不开科技支撑。一方面,依托良种和良法的突破,重点研究和推广适应西藏农业发展特色的农业绿色发展技术(如节水节肥节药技术),强化农产品运输、储运、保鲜、加工等方面的科技服务,为农业绿色发展的全过程提供科技支撑,提高特色农产品的附加值,促进特色产业提质增效。另一方面,结合西藏农业绿色发展的需要,建立一批实用科技攻关和推广应用项目,并面向农牧民开展多种形式的知识和技能培训,加快相关科技成果的转化、普及和推广,增强农牧民的绿色发展意识以及吸纳、运用新技术的能力,使广大农牧民成为有文化、懂技术、善经营的农业绿色发展主体。同时,西藏要构建统筹协调的农业绿色发展机制,加快推进以绿色生态为导向的农业补贴政策体系构建,充分调动地方政府、企业、农民和其他社会力量推进农业绿色发展的积极性。利用中央财政绿色发展基金,设立农业绿色发展子基金,引导金融资本、社会资本投向农业资源节约、废弃物资源化利用、生态保护等领域。此外,还通过多渠道整合涉农项目财政资金,创新金融信贷支农机制,结合产业发展实际,将种粮农民直接补贴、农资综合补贴和农作物良种补贴合并为"农业支持保护补贴"。争取将畜禽粪污资源化利用、有机肥生产使用、秸秆加工、地膜回收等纳入农业用电、农业用水、设施农用地管理范畴,对支持农业绿色发展的农机具实行敞开补贴。

4) 突出改革创新,促进增强农村发展活力

要实现西藏农业绿色发展,国家应加大政策资金支持力度,整合现有农业补贴政策,考虑到农牧民收入低、贡献大、承受能力差的现实,建立以正面激励手段为主、以绿色生态为导向的农业补贴制度,落实粮食直补、良种补贴和农机补贴等强农惠农政策,特别是进一步加大青稞、牦牛、马铃薯等特殊补贴政策的补贴力度,建立草原生态补助奖励机制,支持耕地和草场使用权合理流转,探索有利于农牧民增收和农牧区生产力发展的组织形式,以曲水县等国家现代农业示范区和农村改革试验区建设为契机,打造西藏农业绿色发展样板,努力提高全区农牧业综合生产,改善农牧民生产生活条件。

4 西藏农业绿色发展指数构建与测算

4.1 西藏农业绿色发展指数构建

4.1.1 西藏农业绿色发展评价指标体系

构建西藏农业绿色发展评价指标体系,总体上要求指标能够科学、客观、准确地反映农业绿色发展的概念实质。在具体指标选取时,应体现系统性、科学性和可操作性 3 个原则。系统性就是要充分体现农业绿色发展的概念实质,突出农业绿色发展的系统目标;科学性就是要立足农业绿色发展的自身规律,采用准确基础数据和科学分析方法,突出农业绿色发展指数构建原理的公开透明和评价结果的可复制性;操作性指构建的指数要易于被决策者乃至公众所理解和接受,易于收集数据和量化,具有可比性。党的十八大以来,生态文明建设被纳入中国特色社会主义建设"五位一体"总体布局中,国家发展改革委联合其他部门先后印发了《生态文明建设目标评价考核办法》《绿色发展指标体系》《生态文明建设考核目标体系》。2016 年农业部联合其他部门印发了《国家农业可持续发展试验示范区建设方案》。2017 年中共中央办公厅、国务院办公厅印发了《关于创新体制机制推进农业绿色发展的意见》。这几个文件是深入理解农业绿色发展概念内涵和发展目标的基础依据。

本书通过"自上而下"与"自下而上"相结合的方法筛选评价指标,以兼顾农业绿色发展的系统性、科学性和可操作性。首先,采用"自上而下"的办法,根据国家生态文明建设和农业现代化发展目标要求,对西藏农业绿色发展指数的评价指标进行系统梳理。现有政府文件对农业农村绿色发展的评价指标,大体上包括资源、环境、生态、供给、生活、重特大突发事件、公众满意度等 7 个方面 38 个指标。其次,采用"自下而上"的方法,结合数据的可得性,剔除具有替代性或很强相关性的指标,筛选出资源节约、环境友好、生态保育和质量高效 4 个一级指标以及耕地年均增长率、农药使用强度、自然保护区面积比重等 11 个二级指标(表 4-1)。

表 4-1　西藏农业绿色发展指数指标体系

一级指标	序号	二级指标	计量单位	指标类型	指标含义
资源节约	1	单位农业产值耗水量	吨/万元	负向	降低水资源利用强度
	2	耕地数量年均增长率	%	正向	确保耕地红线不突破
	3	节水灌溉面积比重	%	正向	提高节水设施利用程度
环境友好	4	农药使用强度	千克/公顷	负向	降低农药使用强度
	5	化肥使用强度	千克/公顷	负向	降低化肥使用强度
	6	农业 COD 排放强度①	克/米^3	负向	降低农业废弃物排放
	7	农业氨氮排放强度②	克/米^3	负向	降低农业废弃物排放
生态保育	8	自然保护区面积比重	%	正向	加强自然生态环境保护
	9	森林覆盖率	%	正向	提高生态保育度
质量高效	10	单位面积绿色食品标识产品数量	个/万公顷	正向	提升产品品牌质量
	11	农村居民人均收入	元	正向	保障农民生活质量

注:①②农业 COD 和氨氮排放强度:地区年度农业 COD 排放总量或农业氨氮排放总量除以当年地表水总量。

4 个一级指标反映农业绿色发展最核心的 4 个方面要求。资源节约项 3 个二级指标强调降低水土资源利用强度,提高资源利用效率。环境友好项 4 个二级指标反映农业面源污染情况。生态保育项 2 个二级指标体现农业生态保持程度。质量高效项 2 个指标强调农业发展的品牌价值和质量效益。各项二级指标的基础数据均可从《中国农业统计年鉴》《中国农村统计年鉴》《中国环境统计年鉴》《中国品牌农业年鉴》《西藏统计年鉴》等年鉴资料获得。除了考虑数据可得性外,在遴选二级指标的过程中,还进行了针对性较强的专家咨询,以研讨会、通信咨询、问卷等方式向本领域权威专家征询意见和建议。

4.1.2 西藏农业绿色发展评价指标权重及评价模型

指数构建中,除了指标选择,权重的确定即评价方法的选择同样重要。本研究反复征求了该领域内的专家意见,最终参照全球人类发展、绿色发展等指数构建方法,采用等权重的主观赋权法,将一级指标的权重均设为1/4,各二级指标权重根据对应维度内的指标数量均分其一级指标权重。为消除不同指标量纲的影响,参照相关文献,本书采用极值法对各指标数据进行标准化处理,将指标值转换到0~1之间[1]。具体结果参见表4-2。各指标的标准化公式如下所示:

表4-2 西藏农业绿色发展指标体系的权重

一级指标	序号	二级指标	计量单位	等权重法确定的权重
资源节约	1	单位农业产值耗水量	吨/万元	6.25
	2	耕地数量年均增长率	%	6.25
	3	节水灌溉面积比重	%	6.25
环境友好	4	化肥使用强度	千克/公顷	6.25
	5	农业COD排放强度	克/米³	6.25
	6	农业总氮排放强度	克/米³	6.25
	7	农业总磷排放强度	克/米³	6.25
生态保育	8	自然保护区面积比重	%	8.33
	9	森林覆盖率	%	8.33
质量高效	10	单位面积绿色食品标识产品数量	个/万公顷	8.33
	11	农村居民人均收入	元	8.33

$$Y_{ij} = \begin{cases} \dfrac{X_{ij} - X_{i,\min}}{X_{i,\max} - X_{i,\min}} & \text{if } X_{ij} \in \mathbf{R}^+ \\ \dfrac{X_{i,\max} - X_{ij}}{X_{i,\max} - X_{i,\min}} & \text{if } X_{ij} \in \mathbf{R}^- \end{cases}$$

$(i=1, 2, \cdots, m;\ j=1, 2, \cdots, n)$

---

[1] 李晓西,刘一萌,宋涛.人类绿色发展指数的测算[J].中国社会科学,2014(6):69-95.

式中，X_{ij} 为第 j 年或 j 地区第 i 个指标的基础数据；Y_{ij} 是指标 X 经过无量纲后的评估系数。正向指标采用上述公式中第一个等式进行标准化，负向指标采用第二个等式进行标准化。因此，对于任何一个指标，评估系数越大，其对农业绿色发展指数的贡献越大。为消除各指标基础数据值的差异化程度，除了耕地复种指数和耕地数量年均增长率这两个离差较小的指标外，其他指标都采用对数形式进行标准化处理。

确定标准化方式和加权权重后，即可计算农业绿色发展指数的综合得分值。

$$Z_j = \sum (w_i Y_{ij}/100)$$

式中，w_i 表示第 i 项指标的权重；Z_j 表示最终指数得分，最高为 1，最低为 0，得分值越高，农业绿色发展水平越高。

4.2 西藏农业绿色发展指数测算及区域比较

4.2.1 西藏农业绿色发展评估

1）西藏农业绿色发展指数综合得分

测算结果表明，2012 年以来，西藏农业绿色发展取得了显著进展。西藏农业绿色发展指数综合得分由 2012 年的 0.569 上升到了 2016 年的 0.615，累计提高 0.046，年均提高 2.0%（表 4-3）。从 4 个维度一级指标的得分情况来看，环境友好指标得分总体较高，而质量高效指标得分较低，资源节约和生态保育两项指标得分居中。西藏环境友好指标得分较高的主要原因在于：一方面，西藏农药、化肥等化学品的投入量较少，2016 年西藏化肥使用强度为 133 千克/公顷，农药使用强度为 2.45 千克/公顷；另一方面，西藏面积广阔，地表水源丰富，自然净化能力较强，其农业 COD 和氨氮等污染物的排放强度均较低。西藏农业供给质量效率是农业绿色发展的短板，需要进一步深入推进农业供给侧结构性改革，坚持质量兴农、绿色兴农，加快将西藏农业的生态环境优势转化为经济效益优势。

表 4-3 2012—2016 年西藏农业绿色发展指数得分

指标维度	指标名称	得分				
		2012 年	2013 年	2014 年	2015 年	2016 年
一级指标	资源节约(0.25)	0.137	0.139	0.139	0.141	0.142
	环境友好(0.25)	0.223	0.223	0.224	0.226	0.228
	生态保育(0.25)	0.174	0.174	0.174	0.175	0.175
	质量高效(0.25)	0.035	0.044	0.054	0.062	0.070
综合指数	综合得分(1.00)	0.569	0.580	0.591	0.604	0.615

从各一级指标的变化来看,其发展趋势并不完全一致。其中,资源节约指标和环境友好指标一直保持稳定增长态势,资源节约指标从 2012 年的 0.137 提高到了 2016 年的 0.142,累计提高 0.005;环境友好指标从 2012 年的 0.223 提高到了 2016 年的 0.228,累计提高 0.005。生态保育项得分基本维持稳定,这主要是由于生态保育项的二级指标数据主要是多年的普查数据,数据更新较慢,而且本身波动较小,因此需要更长的时间才能更好地反映该项指标变化。质量高效项呈现出快速增长的态势,由 2012 年的 0.035 提高到了 2016 年的 0.070,累计提高 0.035,对综合得分的增长贡献率达到了 76.1%。

2) 西藏农业绿色发展指数二级指标得分

2012 年到 2016 年期间,西藏农业绿色发展指数的各二级指标得分结果如表 4-4 所示。

表 4-4 2012—2016 年西藏农业绿色发展指数各二级指标得分

指标名称	得分				
	2012 年	2013 年	2014 年	2015 年	2016 年
单位农业产值耗水量	0.513	0.526	0.543	0.588	0.597
耕地数量年均增长率	0.597	0.615	0.652	0.658	0.698
节水灌溉面积比重	0.602	0.615	0.626	0.637	0.645
化肥使用强度	0.390	0.385	0.378	0.376	0.379
农业 COD 排放强度	0.676	0.671	0.671	0.670	0.707

(续表)

指标名称	得分				
	2012年	2013年	2014年	2015年	2016年
农业总氮排放强度	0.871	0.869	0.870	0.867	0.896
农业总磷排放强度	0.337	0.338	0.337	0.336	0.342
自然保护区面积比重	0.760	0.758	0.758	0.758	0.760
森林覆盖率	0.723	0.724	0.724	0.724	0.724
单位面积绿色食品标识产品数量	0.295	0.317	0.346	0.363	0.369
农村居民人均收入	0.486	0.555	0.595	0.628	0.656

注：各二级指标得分即基础数据的标准化处理结果。

资源节约项的3个二级指标结果显示，农业资源利用强度继续提升，利用效率不断提高。其中，耕地数量稳定增加，由2012年的23.3万公顷增加到2016年的23.8万公顷；节水灌溉比重由2012年的27.6%提高到2016年的31.9%；水资源利用效率明显提升，每万元农业产值的耗水量由2012年的813.5吨下降到2016年的603.9吨。该结果表明，农业资源利用效率的提高助力资源节约项得分稳定增长。

环境友好项的4个二级指标均表现出一定的"倒U形"变化趋势。化肥使用强度，农业COD、总氮和总磷排放强度均在2015年左右达到峰值，并都在2016年实现了一定程度下降，这在一定程度上受益于原农业部提出的化肥、农药零增长目标。

生态保育项的2个二级指标变化较小。其中，西藏总面积41.37万平方公里，占西藏全区国土面积的33.9%；全国第八次森林资源清查（2009—2013）以来，森林资源数据尚未得到更新，西藏森林面积1 471.56万公顷，森林覆盖率为11.98%。

质量高效项的2个二级指标均实现了显著提升，但是总体得分仍然较低。其中，有效用标绿色食品的产品总数由2012年的2个提高到2016年的11个，增长了4.5倍，对应的绿色食品标识密度由0.02个/万公顷提高到0.09个/万公顷；农村居民人均收入由2012年的5 097元提高到2016年的9 094元，实际增长78.4%。

4.2.2 西藏农业绿色发展区域比较

1) 2016年各地市农业绿色发展指数综合得分

西藏全区7个地市的农业绿色发展空间差异明显,各地市的农业绿色发展指数综合得分如表4-5所示。其中,拉萨市的综合得分最高,综合得分为0.663,其资源节约项和质量高效项得分均位居全区第一,主要原因在于拉萨市在节水农业和绿色食品方面的突出表现;林芝市和日喀则市的综合得分居第二和第三位,但二者相差不大,其综合得分分别为0.646和0.641,其中林芝市生态保育项得分位居全区第一位,主要在于林芝市较高的森林覆盖率和自然保护区面积比重;昌都市的综合得分居第四位,综合得分为0.612,其生态保育项得分位居全区第二位,质量高效项得分位居全区第三位;山南市的综合得分居第五位,综合得分为0.582,尽管其环境友好项得分位居全区第三位,但其他三项的得分均较低;阿里地区和那曲市的综合得分分居第六和第七位,其综合得分分别为0.575和0.563。尽管阿里地区由于农业总产值较小使得环境友好项位居全区第一,但其他三项的得分均最低,与其他市的差距较大;那曲市的环境友好项得分最低,亟待解决农业面源污染问题。

表4-5 2016年西藏各地市绿色发展指数得分

省区	综合得分	资源节约		环境友好		生态保育		质量高效	
		得分	排序	得分	排序	得分	排序	得分	排序
拉萨市	0.663	0.163	1	0.215	4	0.173	4	0.112	1
林芝市	0.646	0.159	2	0.230	2	0.185	1	0.072	5
日喀则市	0.641	0.157	3	0.203	5	0.175	3	0.106	2
昌都市	0.612	0.141	4	0.193	6	0.183	2	0.095	3
山南市	0.582	0.135	5	0.226	3	0.160	5	0.061	6
阿里地区	0.575	0.124	7	0.246	1	0.151	7	0.054	7
那曲市	0.563	0.132	6	0.189	7	0.159	6	0.083	4

2) 2016年各地市农业绿色发展指数一级指标比较

农业绿色发展指数是一个综合性评价体系,单一方面的优良表现并不能保证该地市在其他方面也具有领先优势。从西藏各地市平均水平来看,农业供给质量高效是西藏农业绿色发展的突出短板。

资源节约项得分最高的是拉萨市,最低的是阿里地区,分别为 0.163 和 0.124。拉萨市的节水农业发展较好,其单位农业产值耗水量较低而节水灌溉面积比重较高,资源利用效率相对较高;阿里地区则相反,由于其耕地面积较少,其单位农业产值耗水量最高。环境友好项得分最高的是阿里地区,最低的是那曲市,分别为 0.246 和 0.189。阿里地区是西藏农业面源污染量排放最低的地区,主要原因在于阿里地区生存条件恶劣、生态环境脆弱、自然灾害频发,畜禽养殖量、农村人口数和农作物种植面积远远低于西藏其他地市;那曲市的农业面源污染量排放最高,主要原因在于那曲市是西藏畜牧业大市,农村人口较多,畜禽养殖业快速发展带来的畜禽粪便污染问题日趋严重,以及农牧民生活水平提高导致的农村生活污水和垃圾排放量增加,使那曲市的农业污染物排放量居高不下。生态保育项得分最高的是林芝市,最低的是阿里地区,分别为 0.185 和 0.151。林芝市森林覆盖率和自然保护区面积比重均较大,而阿里地区的自然保护区面积虽然也较大,但其森林覆盖率和自然保护区面积比重较低,因此其生态保育项得分最低。质量高效项得分最高的是拉萨市,最低的是阿里地区,分别为 0.112 和 0.054。拉萨市绿色标识产品数量密度和农村人均收入均位于全区第一位,而阿里地区则相反。

4.3 结论与启示

4.3.1 结论

本书借鉴已有研究成果,构建了包含资源节约、环境友好、生态保育和质量高效 4 个维度 11 个指标的西藏农业绿色发展指数,并采用等权重法对近年来西藏及各地市的农业绿色发展水平进行了初步评估。本书的主要结论有以下 3 点:

一是从方法的有效性来看,本书构建的农业绿色发展指数具有很强的稳健性和实用性。与官方发布的《2016 年生态文明建设年度评价结果公报》相比较,本书研究结果与公报在一些维度的表现较为一致。例如在官方的评价中,西藏的环境质量得分排名靠前,这与本书的测算结果一致,表明在指标选择上能够切合未来官方的评价和考核需求。

二是从全区发展变化来看,2012年以来西藏农业绿色发展水平显著提高。资源利用效率明显提升,面源污染防治取得明显成效,质量效益得到极大提高,但是农业绿色发展总体水平还比较低,在全国仍处于落后状态。

三是从区域比较来看,各地区间农业绿色发展水平差异较大。其中,拉萨市的农业绿色发展水平最高,那曲市最低,林芝市和日喀则市相对较高,山南市和阿里地区相对较低,昌都市居中。衡量农业绿色发展水平的4个维度中,环境友好指标得分总体较高,而质量高效指标得分较低,资源节约和生态保育两项指标得分居中。结果表明,西藏农业供给质量效率是农业绿色发展的短板,需要进一步深入推进农业供给侧结构性改革,坚持质量兴农、绿色兴农,加快将西藏农业的生态环境优势转化为经济效益优势。

4.3.2 启示

农业绿色发展是一场发展观的深刻变革,推进农业绿色发展,将是突破西藏农业发展瓶颈制约、实现农业现代化目标的重要举措,农业绿色发展水平将直接影响西藏农业现代化的建设效果。根据本书的研究结论,有如下3方面启示:

第一,加强农业资源环境数据监测,以构建更加科学合理的农业绿色发展水平衡量体系。本书的测算只是尝试性探索,指标体系并不完备,研究中发现西藏资源、环境、生态等方面的很多数据均存在较大缺失。另外,农业绿色发展是一项系统性工程,需要点面结合。因此,需加强基础数据监测,并及时对外发布,以便社会监督。

第二,聚焦农业质量效益提升,加快推进农业绿色发展。研究结果表明,质量高效是西藏农业绿色发展的突出短板,存在较大的改善空间。2012年以来,西藏在农业质量效益提升方面形成了很多好的经验做法,需要进一步加快总结。同时,农业绿色发展是一项持久性工程,全区各地市在不同层面都存在一定的提升空间,需坚持不懈加大工作力度,切实将绿水青山转变为金山银山。

第三,各地要因地制宜,补齐短板。无论排名前后、得分高低,均有提高的需求和潜力。本书构建的评价体系有助于各地市对自身的农业绿色发展情况进行全面评估,并通过横向和纵向比较查找短板。例如,阿里地区要更加关注资源节约、生态保育方面和质量效益的提升,那曲市要更加关注农业面源污染防治,把畜禽养殖污染降下来。

5 西藏农业绿色发展技术清单及综合评价

5.1 西藏农业绿色发展技术清单

农业绿色发展包含种植业和畜牧业两个领域,包括产前、产中、产后3个过程。本书利用农业投入要素和生产环节这两个复合分类指标,对西藏农业绿色发展技术进行梳理和分类,编制农业绿色发展技术清单,具体可以分为种植业和畜牧业绿色发展技术清单两类[1]。

5.1.1 种植业绿色发展技术

从农业投入要素来看,种植业绿色发展技术主要包括水资源、土地、化肥、农药、地膜集约使用技术等;从农业生产过程各环节来看,种植业绿色发展技术主要包括产前资源节约型技术、产中环境友好型技术和产后污染治理型技术。

1) 水资源集约使用技术

(1) 产前节水技术

产前节水技术主要是指选育节水抗旱作物品种,或者通过基因技术进行基因重组以创造节水抗旱的新作物品种,例如加大节水抗旱青稞、小麦等新品种的培育和推广力度,使作物在产量基本保持不变的情况下显著提高水分利用效率和耐旱性,大幅度节约农业灌溉用水。《西藏自治区水污染防治行动计划工作方案》指出,西藏要开展节水青稞、牧草种植的研究与示范推广工作,不断扩大耐旱作物种植面积,发展节水农业。

(2) 产中节水灌溉技术

产中节水灌溉技术主要包括渠道节水技术、田间灌溉技术和地面灌溉技术

---

[1] 金书秦,沈贵银,刘宏斌,等.农业面源污染治理的技术选择和制度安排[M].北京:中国社会科学出版社,2017.

三类,针对农业灌溉的水资源调配、输配和灌溉环节,大幅度减少农业灌溉用水和耗水量,达到水资源节约效果。水资源输配和调配过程离不开渠道,渠道防渗节水技术和农渠管网化技术,能够有效降低灌溉用水的渗漏率。采用砼板护坡、塑料薄膜防渗等多种技术措施进行防渗,可以减少60%~90%的漏渗水量,并且提高了输水速度和输水效率[1]。田间灌溉技术和地面灌溉技术都是针对农业灌溉环节的节水技术。西藏节水灌溉起步较晚,农业灌溉主要以渠道防渗为主,而田间灌溉主要采用大水漫灌方式,造成水资源利用率不足,浪费严重[2]。

田间灌溉技术是先进的农业灌溉技术,可以分为喷灌、微喷灌和滴灌三类,具有节水、节地、省劳力、增产等特点。喷灌是利用机械加压或利用地形高差,使水通过管道经过喷头喷射到空中,再均匀滴洒到农田,相当于小范围的"人工降雨",主要适用于大田或山地作物,比漫灌节约40%~60%的水资源。微喷灌的基本原理与喷灌相同,只是水压、流量和水滴都比喷灌小,相当于给作物"下毛毛雨",主要适用于菜地、花卉、草坪或大棚内作物,比漫灌节约50%~70%的水资源。滴灌是将一定压力的水,经过滤后通过管道滴头均匀地滴入植物根部附近的土壤,相当于给作物"打点滴",是最节水的灌溉技术,比漫灌节约70%~80%的水资源。例如,膜下滴灌技术是近几年发展起来的一种先进节水技术,它把滴灌与地膜覆盖结合起来,改原来传统的浇地为浇作物,节水增产效果极佳。

地面灌溉技术主要包括大畦改小畦,长沟改小短沟,在土地平整基础上,使畦、沟规格合理化,比漫灌节约20%~25%的水资源。还可以应用改进沟畦灌溉技术、田间闸管灌溉技术、蓄水保墒技术、水肥一体化技术等改进地面灌溉技术,形成适合不同类型灌区的田间工程设计和应用模式,也能取得较好的节水增产效果[3]。水肥一体化技术是利用管道灌溉系统,将肥料溶解在水中,同时进行灌溉与施肥,适时、适量地满足农作物对水分和养分的需求,实现水肥同步管理和高效利用的节水农业技术。例如,林芝市米林农场

---

[1] 王健.对新疆发展节水灌溉的思考[J].新疆农垦科技,2002(6):29-31.
[2] 达娃卓玛.西藏农业节水灌溉研究现状[J].西藏农业科技,2014(2):5-7.
[3] 周建伟,何帅,李杰,等.干旱内陆河灌区节水农业综合技术集成与示范[J].新疆农垦科技,2005(1):39-41.

果园水肥一体化项目不仅提高了灌溉效率(375亩苹果园以前需要10~15天才能浇灌一遍,现在通过滴灌配套设备1天即可灌溉完成),还极大提高了苹果的品质和产量。

(3)产后水污染治理技术

种植业产生的废水主要是农田径流水,大部分农业废水未经处理直接排放到周边河流、湖泊等,对地表水和地下水造成了严重的污染,成为重要水源地、江河、湖泊富营养化的主要原因之一,亟待采取有效的水污染治理技术,实现农业废水的无害化处理和资源化利用。农田径流水处理技术主要包括生态拦截沟渠、生化塘、人工湿地技术,也可以采用将三者相结合的复合处理技术,通过种植大量的沉水植物和挺水植物,形成一个点—线—面紧密相连的综合治理系统,实现对农田径流中氮、磷的有效吸收和拦截,控制农田径流污染[1]。

生态拦截沟渠技术多通过对现有沟渠塘的生态改造和功能强化,或者额外建设生态工程,利用物理、化学和生物的联合作用对污染物主要是氮、磷进行强化净化和深度处理,不仅能有效拦截、净化农田污染物,还能汇集处理农村地表径流以及农村生活污水等,实现氮、磷等污染物的减量化排放或最大化去除[2]。

生化塘拦截技术是利用农田径流出水口处湖内或者池塘内的污染底泥,在不破坏表层物理结构的情况下,在底泥上种植可以适应性生长的沉水植物及挺水植物,起到吸收氮、磷等多种污染物以及改善水质的作用。

人工湿地处理技术主要通过植物根系周围的近根系的好氧区与远根系的厌氧区的交替环境,利用硝化、反硝化作用去除氮,利用基质的固磷作用以及植物与微生物吸收作用除去磷[3]。作为一门新兴技术,人工湿地处理技术在我国农业区控制地表径流方面也能够发挥一定作用,而且该技术更符合农村环境,利于实施,效果显著。复合处理技术充分发挥了上述三种技术的优势,提高

---

[1] 沈丰菊.我国农业废水处理技术的应用现状与发展趋势[J].农业工程技术(新能源产业),2011(1):16-19.

[2] 杨林章,施卫明,薛利红,等.农村面源污染治理的"4R"理论与工程实践:总体思路与"4R"治理技术[J].农业环境科学学报,2013(1):1-8.

[3] 廖庆玉,卢彦,章金鸿.人工湿地处理技术研究概况及其在农村面源污染治理中的应用[J].广州环境科学,2012(2):29-34.

了系统运行的稳定性和出水水质。

2）土地集约使用技术

（1）产前土壤改良技术

土壤改良技术主要包括土壤结构改良、增施有机肥、秸秆还田技术等，这些技术可以有效提高土壤有机质，提高农作物产量和质量。西藏土壤以沙土和壤土为主，土层较薄，有机质含量低，亟待采用这些土壤改良技术改善土壤状况，为农作物生长提供良好的土壤条件。

土壤结构改良技术主要通过施用天然土壤改良剂（如腐殖酸类、纤维素类、沼渣等）和人工土壤改良剂（如聚乙烯醇、聚丙烯腈等），提高土壤的保水保肥能力，协调土壤的养分比例，防止水土流失。土壤改良剂施用方便，拌干土撒施、喷施、随水浇施均可。

有机肥含有多种营养元素，能给作物提供全面营养元素，是很好的土壤改良剂。增施有机肥既能熟化土壤，改良土壤结构，又能协调土壤的水、肥、气、热，增强土壤的保肥、供肥、透气和缓冲能力，达到改良土壤的目的。

秸秆还田技术，一方面减少秸秆就地焚烧造成的大气环境污染和资源浪费，另一方面能提升土壤有机质，增强土壤活性，降低农产品生产成本，可谓一举多得。秸秆还田的方式主要有粉碎翻压还田、覆盖还田、堆沤还田和过腹还田四类。秸秆粉碎翻压还田是把秸秆通过机械粉碎成长度为10厘米左右，耕地时直接翻压在土壤里；秸秆覆盖还田是将秸秆粉碎后直接覆盖在地表或整株倒伏在地表，可以减少土壤水分的蒸发，达到保墒的目的；堆沤还田是通过家畜圈，或加上生物菌剂、水等进行高温腐熟，腐熟后施入土壤，更有利于植物体吸收，高温腐熟时还可以杀死部分有害的微生物；过腹还田是将秸秆作为饲料，在动物腹中经消化吸收，一部分转化为营养物质，作为有机肥施入土壤，培肥地力，无副作用[1-2]。西藏农民有秸秆覆盖还田的传统，将青稞、冬小麦、豌豆等农作物的秸秆或杂草等作为肥料留在农田中以供当年农作物种植生长，有利于提高土壤肥力，起到增产、增收作用。

---

[1] 朱启红.浅谈秸秆的综合利用[J].农机化研究,2007,29(6):236-260.

[2] 刘娣,范丙全,龚明波.秸秆还田技术在中国生态农业发展中的作用[J].中国农学通报,2008,24(6):404-407.

(2) 产中土地集约技术

产中土地集约技术主要包括土地平整、轮作、深松整地技术等。土地平整技术主要包括倒行子技术、抽槽技术、全铲技术和激光平地技术四种,能够增加有效耕地面积,促进土地的集约利用和规模经营,提高灌水均匀度和水肥利用效率[1]。其中,倒行子和抽槽技术都是机械与人工结合的土地平整技术,全铲技术是主要依靠机械的土地平整技术,这三种都是传统的常规土地平整方法。激光平地技术是最先进的土地精细平整技术,通过伺服液压系统操纵平地技术可以实现高精度农田平整,提高机械化作业率,在增加农作物产量和节水方面有显著效果[2]。但是,西藏种植业中尚未采用激光平地技术。

农作物轮作技术是在一定地区范围内,不同季节和年度种植不同农作物或复种组合的技术,能够充分利用土地和光热资源,提高农作物的生产效率,实现用地与养地相结合。西藏农牧民早就有草田轮作的传统,在青稞、小麦等麦类作物收获后,种植豌豆、雪莎和复种小扁豆、大豆等,以此来维持和增强地力。目前,全区重点推广的粮草轮作模式主要有"青稞—小麦—豆类和油菜"(三年轮作制)和"春青稞—麦豌混作—小麦—油豌混作"(四年轮作制)。草田轮作一个周期能够提高土壤有机质 23%~24%[3]。

机械化深松整地技术是在不翻土、不打乱原有土层结构的情况下,利用机械松动土壤,完成灭茬、旋耕、深松、镇压等多项作业,增强土壤的透气和透水性,提高土壤蓄水能力,大幅增加农作物产量,具有良好的经济和环境效益。近年来,西藏农业机械化程度不断提高。截至 2017 年 9 月,西藏机械化耕地面积达到 194 万亩[4]。

(3) 产后土壤修复技术

种植业中化肥、农药的过量使用,以及污水灌溉导致大量重金属在土壤中

---

[1] 雷晓萍,刘晓峰.土地开发整理工程中几种常用的土地平整技术[J].宁夏农林科技,2009,50(5):51-53.

[2] Agarawal M C, Goel A C. Effect of field leveling quality on irrigation efficiency and crop yield [J]. Agricultural Water Management, 1981(4):89-97.

[3] 魏军,曹仲华,罗创国.草田轮作在发展西藏生态农业中的作用及建议[J].黑龙江畜牧兽医,2007(9):98-100.

[4] 孙翔.西藏古荣加入村的丰收年[EB/OL].2017-09-16. http://news.china.com/socialgd/10000169/20170916/31433918.html.

残留,使得土壤污染日益严重。近年来,我国土壤污染特别是土壤重金属污染日益严重,受到越来越多的关注。我国近3亿亩耕地(约占耕地总面积的1/6)受镉、砷、铬、铅等重金属污染,每年因重金属污染的粮食高达1 200万吨,造成的直接经济损失超过200亿元。因此,土壤污染治理和修复技术的研发、推广和应用具有重要意义。产后土壤修复技术主要包括物理、化学和生物修复技术,这些技术使土壤中的污染物发生氧化、还原、沉淀、吸附、抑制和拮抗作用,治理并修复土壤污染[1]。

物理修复技术可以分为电化法、热解吸和玻璃化技术。电化技术主要通过在饱和黏土(细粒)中通过低强度直流电达到清除土壤中的无机污染物的目的。但是该方法的田间适用性差,而且不适合沙性土壤。热解吸修复技术以加热方式将受有机物污染的土壤加热至有机物沸点以上,使吸附在土壤中的有机物挥发成气态后再分离处理。但是,该方法回收不良时易造成大气汞污染。玻璃化技术是利用电极加热将污染的土壤熔化,冷却后形成比较稳定的玻璃态物质。但是,该技术比较复杂,实地应用中会出现难以达到统一熔化以及地下水的渗透等问题。

化学修复技术主要指化学淋洗技术,它借助能促进土壤环境中污染物溶解或迁移的化学或生物化学溶剂,在重力作用下或通过水龙头压力推动淋洗液注入被污染的土层中,然后再把含有污染物的溶液从土壤中抽提出来,进行分离和污水处理。

生物修复技术是指利用生物的生命代谢活动减少土壤中有毒有害物的浓度或使其完全无害化,从而使污染了的土壤环境能够部分地或完全恢复到原始状态的过程,主要包括植物修复技术和微生物修复技术,具有效果好、投资少、费用低、易于管理和操作等特点。其中,植物修复技术通过种植优选的植物及其根际微生物直接或间接吸收、挥发、分离、降解重金属等污染物,改善土壤质量,恢复重建自然生态环境和植被景观。微生物修复技术是利用土壤中的某些微生物对重金属等污染物具有吸收、沉淀、氧化和还原等作用,从而降低土壤中污染物的毒性。可以运用遗传、基因工程等高科技生物技术,培育对重金属等

---

[1] 顾红,李建东,赵煊赫.土壤重金属污染防治技术研究进展[J].中国农学通报,2005,21(8):397-399.

污染物具有降毒能力的微生物。

3）化肥集约使用技术

（1）产前节肥技术

产前节肥技术主要包括培育节肥作物品种和研发新型环保化肥，从而减少传统化肥使用量，改善农业环境质量。水溶性肥料和缓控释肥料是我国肥料产业重点研发和推广的新型环保肥料。水溶性肥料是一种可以完全溶于水的多元复合肥料，包括作物生长所需要的全部营养元素，如氮、磷、钾及各种微量元素等，作物吸收利用率较高，能够达到70%～80%。缓控释肥料是指肥料养分释放速率缓慢，释放期较长，在作物的整个生长期都可以满足作物生长需要的肥料，突出特点是其释放率和释放期与作物生长规律有机结合，从而使肥料养分有效利用率提高30%以上。但是，目前这两种新型环保肥料在西藏使用量极少，今后应结合区内农作物的生长情况，增加对水溶性肥料和缓控释肥料的使用量。

（2）产中节肥技术

产中节肥技术通过改变施肥方式和肥料成分，减少化肥流失，实现化肥高效吸收，主要包括化肥深施、测土配方施肥、平衡施肥技术。

化肥深施技术是将化肥定量均匀地施入地表以下作物根系密集部位，使之既能保证被作物充分吸收，同时又显著减少肥料有效成分的挥发和流失，达到充分利用肥效和节肥增产的目的。研究表明，碳酸氢铵深施比表施的利用率相对提高115%[1]。西藏近几年推广的冬小麦新品种"山冬7号"是深根作物，要求深耕细整，农民在施肥时也有意识地采取深施方法，在一定程度上起到了节肥增产的作用。

测土配方施肥就是根据作物的需肥特性、土壤的养分含量和肥料品种等因素，有针对性地制定出富含氮、磷、钾及微量元素的施肥技术方案。测土配方施肥技术要坚持有机肥料和无机肥料相结合，确定氮磷钾以及其他微量元素的合理施肥量及施用方法，维持土壤肥力水平，提高肥料利用率，减少化肥流失对环境的污染，既增加农作物产量，又减少化肥投入量、环境农业面源污染，达到农业优质、高效、高产的目的，实现经济、环境和社会效益间的相互协调。近年来，

---

[1] 冶玉玲.化肥深施技术[J].青海农技推广，2011(4):54-55.

西藏积极实施测土配方施肥,起到了提高肥料利用率和作物增产的双重效果。

平衡施肥是通过施肥来合理供应和调节作物必需的各种营养元素,以满足作物生长发育的需求,从而达到提高产量、改善品质、减少肥料浪费、防止环境污染的目的。平衡施肥的主要方针是"控氮,稳磷,增钾,补微"。控氮稳磷就是要严格控制氮磷肥的使用量;增钾就是要增施一定量的钾肥,合理地增施钾肥,可以提高氮的利用率,提高淀粉作物、纤维作物、油料作物、糖料作物和瓜果蔬菜的品质;补微就是要补充微量元素,为作物生长提供全面均衡的营养。

(3) 产后化肥污染治理技术

我国化肥过量和不合理使用,导致化肥被作物有效吸收的比例仅在35%左右,大部分成为农业面源污染的来源,严重污染地表水和地下水,并造成水体富营养化严重和水生生物大量死亡[1]。产后化肥污染治理技术主要包括面源污染防治技术和水体富营养化治理技术。面源污染防治技术的关键在于吸收化肥中未被作物有效吸收的氮、磷等污染物,目前主要采用的技术与前文提到的农田径流水技术相同,也即包括生态沟渠、生化塘、人工湿地等。水体富营养化治理技术的关键在于削减水体中的氮、磷以及沉淀物中有机碳和氮、磷的负荷,目前主要采用的技术包括物理化学技术和生物技术。其中,物理化学技术主要包括氨汽提、沸石、电渗析、反渗透技术等,但是这些技术存在价格昂贵、产生二次污染等问题。生物技术可以分为活性污泥法、固定池、生物转盘技术等,这些技术去除率较高、成本较低,但是工艺操作不方便[2]。

4) 农药集约使用技术

(1) 产前节药技术

产前节药技术主要包括培育抗病虫作物品种和研发低毒、高效、低残留的新型农药,可以提高作物对环境的适应能力和对病虫害的抵抗能力,减少农药使用,降低农药引起的面源污染,提高作物产量,具有经济有效、简单易行、效果稳定的特点。抗病虫作物育种不仅与作物本身的遗传特性有关,而且与寄生物或有害生物的遗传、作物与寄生物之间的相互作用以及两者对环境的敏感性等

---

[1] 朱兆良,David Norse,孙波.中国农业面源污染控制对策[M].北京:中国环境科学出版社,2006.

[2] 钱大富,马静颖,洪小平.水体富营养化及其防治技术研究进展[J].青海大学学报(自然科学版),2002,20(1):28-30.

有关。抗病虫作物育种技术主要包括引种、选择育种、杂交育种、回交育种等。例如,西藏自治区农科院于1994年开始采用杂交育种技术,历时19年选育出了"藏青2000"青稞新品种,并于2013年被确定为自治区主推品种。"藏青2000"具有产量高、产草多、抗倒伏、抗蚜虫等特点,平均每亩增产25千克以上,使用农药少,有利于减少农药使用量和保护农业生态环境[1]。此外,还应该积极开发推广低毒、高效、低残留的新型农药。生物农药是新型农药的典型代表,具有低毒、环境相容性好等优点,能够减轻自然灾害包括病害、干旱以及冻害的影响,提高作物产量。例如,作为我国自主研制的生物农药,阿泰灵在林周县青稞和燕麦草种植区的试验示范表明其起到了节药增产的作用。春青稞喷施阿泰灵两次比未使用增产63千克/亩,增产幅度为15%以上;燕麦喷施阿泰灵两次比未使用增产202千克/亩,增产幅度达20%左右。

(2) 产中节药技术

根据防治病虫害的不同方法,可以将产中节药技术分为生物防治技术、物理防治技术、化学防治技术和栽培管理技术四类。生物防治技术主要利用天敌、微生物及其代谢产物控制有害生物种群数量,对人畜、植物安全,不伤害天敌,不污染环境,对一些病虫害具有长期抑制作用。例如,蚜虫防治技术,通过人工招引或采集瓢虫、蚜茧蜂、食蚜蝇等蚜虫的天敌,减少蚜虫数量。物理防治技术主要利用物理机械方法防治病虫害,既能抑制病虫害又能有效减少农药使用量。例如,用杀虫灯、色板诱杀害虫,用纱网阻隔害虫。化学防治技术主要利用各种化学药剂来防治病虫害,但是可以通过科学用药、严格按照农药登记标注的使用范围和剂量使用农药、选择最佳施药时间等方法,提高农药的有效使用率。例如,"一喷三防"技术和农药缓释技术。但是,上述产中节药技术仍未在西藏大规模推广和使用。此外,也可以利用栽培管理技术防治病虫害,减少农药使用。通过水肥的调整、播种期选择、田间管理等农艺措施,提高农作物抵抗病虫的能力,或错开病虫草害侵染、发生时期,减少农药使用。

(3) 产后农药污染治理技术

我国过量和不合理使用的农药通过各种途径吸附、挥发、扩散、转移到土

---

[1] 尼玛扎西,禹代林,边巴,等."藏青2000"青稞新品种简介及栽培技术要点[J].西藏农业科技,2015(1):28-32.

壤、大气、水体和生物体中,造成农业面源污染,危害人们的身体健康。目前,我国农药利用率仅为30%~40%,除被作物吸收外,大部分农药以被地表径流或被雨水冲刷的形式进入水体、土壤及农产品中。因此,必须强化末端治理,消除农药造成的面源污染。减少农药产生的面源污染,可以采取生物修复降解技术,利用有机体促进环境中有毒有害有机物质的降解和固定,保护生态系统的完整性,主要包括动物降解、植物降解和微生物降解技术。动物降解技术主要通过土生动物或水体中的低级水生生物吸收和富集环境中的残留农药,并通过自身的代谢作用,把部分农药分解成低毒或无毒的产物。植物降解技术主要利用植物及其根际微生物的共存体系吸收、富集、降解、净化农药污染物。微生物降解主要有酶促方式和非酶促方式两种,酶促方式是主要形式。当农药污染物浓度较高时,微生物通过酶对农药分子的特殊毒性基因进行代谢,使其失去毒性,并在代谢过程中将农药分子当成自身需要的碳源物质,从中获得生长所需的能量。当农药浓度较低时,农药分子在广谱酶的作用下进行水解代谢或共代谢[1]。

西藏种植业绿色发展技术清单见表5-1。

表5-1 西藏种植业绿色发展技术清单

	产前	产中	产后
水资源	节水抗旱作物品种研发技术	渠道节水技术、田间灌溉技术、地面灌溉技术	生态拦截沟渠、生化塘、人工湿地、复合处理技术
土地	土壤改良技术	土地平整技术、轮作技术、深松整地技术	物理、化学、生物修复技术
化肥	培育节肥作物品种、研发新型环保化肥	化肥深施技术、测土配方施肥技术、平衡施肥技术	农业面源污染治理技术、水体富营养化防治技术
农药	培育抗病虫作物品种、开发推广新型农药	生物、物理、化学防治技术和栽培管理技术	生物降解技术

---

[1] 李阳,王玉玲,李敬苗.有机农药对土壤的污染及生物修复技术研究[J].中国环境管理干部学院学报,2009,19(3):64-66.

5.1.2 畜牧业绿色发展技术

从农业投入要素来看,畜牧业绿色发展技术主要包括水资源、土地、饲料、兽药集约使用技术等;从农业生产过程各环节来看,畜牧业绿色发展技术主要包括养殖源头控制技术、养殖过程削减技术和养殖末端处理技术。尽管西藏畜牧业仍以粗放型的放牧畜牧业为主,但是随着半舍饲和季节性舍饲饲养越来越多,西藏也要积极推广相关畜牧业绿色发展技术。

1) 水资源集约使用技术

(1) 养殖源头节水技术

改进畜禽舍规划设计、养殖房舍的布局、畜禽舍地面结构,采用雨污分流、降温清水回收等技术,能够减少用水量,提高水资源的有效利用率。例如,在畜禽舍内采用简单的人工垫圈技术,也即在畜禽舍内铺垫木屑、麦秸,撒入少量"猪乐菌",可以使畜禽舍用水量降低99%。

(2) 养殖过程节水技术

养殖过程节水技术主要包括畜禽饮水、畜禽养殖场舍冲洗、畜禽降温等方面的集约化节水技术。推广使用节水型、多种动力、构造简单、使用方便、供水保证率高的自动给水设备,提倡集中供水和综合利用,既能避免水资源浪费,又比较清洁,防止畜禽患病。鼓励采用新型环保畜禽舍、节水型降温技术,通过安装水表和温度计等方式,确定冲洗和降温的用水量。此外,还应该改变清粪技术,将传统的水冲清粪和水泡粪改为干清粪技术。水冲清粪和水泡粪技术耗水量大,排出的污水和粪尿混合在一起,增加了处理难度,还会产生大量的硫化氢、甲烷等有害气体,危及动物和饲养人员的健康。干清粪技术耗水量少,产生的污水量少、浓度低、易处理;干粪直接分离还可最大限度地保存肥料价值,堆制出高效生物活性有机肥。

(3) 养殖末端污水处理技术

畜牧业产生的废水主要指藏牦牛、藏黄牛、藏绵羊、藏山羊等畜禽养殖产生的高浓度有机废水。高浓度有机废水可以采用厌氧处理技术、好氧处理技术和混合处理技术等进行处理。厌氧生物处理技术主要在无氧的条件下利用厌氧微生物的降解作用使废水中的碳水化合物、蛋白质、脂肪等有机物质被分解消化,从而使废水得到净化。该技术包括污泥厌氧消化技术、厌氧塘技术等,处理成本较低,而且能够有效去除生化需氧量(BOD),去除率高达90%以上。好氧处理技术主要利用微生物在好氧条件下分解有机物,同时合成自身细胞(如活性污泥)。该技术又可以细分为活性污泥技术、生物接触氧化技术、生物转盘技术等,都能够将可生物降解的有机物完全氧化为简单的无机物,起到治理水污染和改善水环境的效果。混合处理技术主要根据农业有机废水的产生量和水污染物浓度等情况,将不同的废水处理技术进行优化组合,取长补短,提高水污染治理效率。

2) 土地集约使用技术

(1) 养殖源头土地集约技术

从养殖源头角度考虑,土地集约技术主要指种养结合技术,可以减少畜禽粪便产生量。合理规划养殖结构,进行集约化养殖,采取种养结合方式,畜牧业为种植业提供肥料,种植业为畜牧业提供饲料,便于畜牧业污染物的收集、处理、收纳和控制,形成循环往复的生态产业链[1]。例如,在西藏主要农区推行种养循环一体化发展,农区为牲畜养殖提供充足的饲草料,牲畜粪便作为有机肥为农作物种植提供必需的肥料,以农补牧,将农区和牧区整合成统一的系统。

(2) 养殖末端土壤修复技术

畜牧业高金属饲料的使用以及畜禽粪便排放对土壤产生污染。与种植业的产后土壤修复技术相似,养殖末端土壤修复技术也可以分为物理、化学和生物修复技术,这些技术能够使土壤中的污染物发生氧化、还原、沉淀等反应,有利于修复土壤污染。具体技术的内容参见"5.1.1 种植业绿色发展技术"中的产后土壤修复技术。需要注意的是,养殖末端土壤修复技术主要适用于大规模的畜禽养殖场。

3) 饲料集约使用技术

(1) 养殖源头饲料集约技术

养殖源头饲料集约技术主要指研究开发、推广应用环保型饲料,使用高新技术改变饲料品质。开发并推广使用环保型饲料,重点是做好营养平衡饲料、

---

[1] 吕远忠,吴玉兰.无公害畜禽养殖关键技术[M].成都:四川科学技术出版社,2004.

高转化率饲料、低金属污染饲料以及除臭型饲料的开发。首先,在开发营养平衡饲料方面,通过在饲料中添加一些氨基酸来让饲料中的能量蛋白、氨基酸、矿物质、维生素等平衡;其次,在高转化率饲料开发方面,可以通过选择酶制剂来提高饲料中各养分的消化率;最后,在除臭型饲料开发方面,在饲料中添加活性炭、沙皂素等除臭剂对降低粪便臭味、减少粪便中硫化氢等臭气的产生具有良好效果[1]。

(2) 养殖过程饲料集约技术

养殖过程饲料集约技术主要包括科学配料技术和科学饲养技术两类。一方面,科学配料,应用高效促生长添加剂,使用高新技术改变饲料品质及物理形态。例如,饲料颗粒化技术,通过将粉状饲料原料或粉状饲料经过水、热调制,再经过机械压缩并强制通过模孔聚合成型,在制粒过程中可以添加其他原料,提高饲料的利用率、营养成分和消化率,减少畜禽粪便产生量。另一方面,科学饲养技术主要包括发酵床生态养殖技术和漏粪板技术。发酵床生态养殖技术就是以秸秆、木屑、稻壳等垫圈料接入活性有益菌群形成发酵床,在这上面进行家畜家禽的饲养,将动物置身于发酵床养殖的环境中,形成一个完美的小"生物圈",使之有一种回归自然的感觉,满足了动物的原始生态习性,同时又提供了菌体蛋白。发酵床生态养殖技术的主要优势是"三省"(省水、省劳力、省饲料)、"两提"(提高畜禽抗病力和肉质品质)、"一增"(增加经济效益)和"零排"(无粪尿污染物排放)。漏粪板技术通过支撑梁搭建成地板,畜禽在上面活动,粪便通过长孔流入收集池,并通过收集池传送到远处的发酵池,粪便发酵后出售到周边的蔬菜种植基地。该技术既可以避免畜禽与粪便直接接触,大大降低畜禽的发病率,又能回收利用并出售畜禽粪便,增加经济收入[2]。

(3) 养殖末端饲料污染治理技术

饲料对环境的污染主要是通过转化为畜禽粪便对土壤、水等产生污染。养殖末端饲料污染治理技术主要是实现畜禽粪便的回收利用。畜禽粪便中含有大量的有机氮、磷等,可以回收利用作为肥料和饲料。产后畜禽粪便回收利用技术主要包括堆肥技术、生物发酵技术、高效固液分离技术等,实现畜禽粪便的肥料化、能源化和饲料化,变废为宝。

---

[1] 陈波,虞云娅,刘健,等.畜禽养殖清洁生产技术研究与应用[J].今日科技,2006(5):29-30.
[2] 陈如明,高学运.实用畜禽养殖技术[M].济南:山东科学技术出版社,1991.

堆肥技术可以分为开放式堆肥和发酵仓堆肥两类。其中，开放式堆肥又可以分为被动通风条垛式堆肥和条垛式堆肥。被动通风条垛式堆肥是将原料简单地堆积，使堆体通过"烟囱效应"被动通风，经长时间自然分解的过程。这种方式可大大降低投资和运行费用，但不能满足连续好氧堆肥的条件。条垛式堆肥是将原料简单堆积成窄长条剁，在好氧条件下进行分解。条剁式系统定期使用机械或人工进行翻堆的方法通风，所需设备简单，投资成本较低；翻堆会加快水分的散失，堆肥容易干燥；干燥的堆肥易于把填充剂筛分，干的填充剂可以较快地进行回用。但是，条垛式堆肥的缺点是占地面积大，而且腐熟周期长，需要大量的翻堆机械和人力。发酵仓堆肥将物料置于部分或全部封闭的容器内，控制通风和水分条件，使物料进行生物降解和转化，具有占地面积小、受气候条件影响小、防止环境二次污染的优点，但是投资、运行和维护成本较高[1]。

生物发酵技术以生物除臭和物料的快速腐熟为核心，其原理是在多种微生物（生酵剂）的作用下，通过好氧发酵、厌氧发酵等不同的技术，使畜禽废弃物中的硫化氢、吲哚等臭味成分迅速消解，植物中难以利用的纤维素、蛋白质、脂类、尿酸盐等被迅速降解，将畜禽粪便制成无公害高效活性有机肥。该技术可以突破农田施用有机肥的季节性、农田面积的限制，克服畜禽粪便含水率高和使用、运输、储存不便的缺点，并减少环境污染。而且，这种有机肥既可作为基肥施用，也可用作追肥，不伤根烧苗，施用后不会产生有害气体。

高效固液分离技术主要通过固液分离设备的分拣、过滤、传输、压榨脱水、除沙功能，分离出粪便中的漂浮、悬浮物及沉淀物，可以用于制成沼气，为生产生活提供能源。例如，含水率20%的鸡粪热值相当于标准煤的40%，10万只鸡的年产粪便转化的沼气热值相当于232吨标准煤的。同时，沼渣和沼液是很好的有机饲料和肥料。此外，畜禽粪便中含有大量未消化的蛋白质、维生素、矿物质和氨基酸种类，对家畜和水产养殖具有很好的营养作用。可以通过高温快速干燥技术、烘干技术等，经过高温、高压、热化、灭菌、脱臭等处理，将畜禽粪便制成干粉状饲料添加剂，达到污染物处理减量化的目的。

---

[1] 贾华清.畜禽粪便的资源化利用技术与管理系统的建立[J].安徽农学通报,2007,13(5):46-48.

4）兽药集约使用技术

（1）养殖源头节药技术

养殖源头节药技术主要包括选育抗病、抗疫的优良畜禽品种和研发高效、低毒、无公害、无残留的绿色兽药。一方面，选择优良畜禽品种，通过人工授精等技术进行畜禽品种繁育，不断改进畜禽品质，提高畜禽品种的抗病、抗疫能力，减少用药机会。另一方面，研发推广天然植物等绿色兽药，用绿色兽药替代化学抗生素和合成药。例如，黄连、黄芩等抗菌、抗病毒中草药多用于防治鸡白痢、副伤寒等，能抑制或杀灭多种病原微生物，具有药源丰富、价格低廉、不良反应少、不易产生耐药菌株、无药物残留等优点。此外，还应推广应用绿色饲料添加剂，如饲用酶制剂、活性多肽、寡聚糖等。这些绿色饲料添加剂能够改善畜禽肠道微生物平衡、促进营养物质的吸收、增强机体免疫力，不会产生耐药菌，对畜禽、人类无害。

（2）养殖过程节药技术

养殖过程节药技术可以分为化学防治技术和管理技术两类。化学防治技术主要利用各种化学药剂防治畜禽疫病，合理、科学、适度用药，对症下药，在兽医指导下规范用药，使用科学的免疫程序、用药程序、消毒程序、病畜禽处理程序，每种药必须标明休药期，饲养过程的用药必须有详细的记录，避免产生药物残留和中毒等不良反应。也可以利用饲养管理技术减少兽药使用。例如，采用自繁自养的饲养技术，避免疫病传入。根据不同畜禽的不同生长阶段，加强饲养管理，提高畜禽的集体抗病能力，防止畜禽发生疾病，减少用药机会。

（3）养殖末端兽药污染治理技术

与饲料对环境的污染类似，兽药对环境的污染也主要通过转化为畜禽粪便对土壤、水等产生污染。养殖末端兽药污染防治技术主要包括堆肥技术、生物发酵技术、高效固液分离技术等。此外，病死畜禽体内含有大量致病微生物和兽药残留，会对环境造成污染，需要对其进行无害化处理。病死畜禽无害化处理技术主要包括焚烧、深埋和再利用技术3种。焚烧比较费钱费力，还会造成空气污染，而无害化处理的效果较好；深埋是我国大部分地区处理病死畜禽的普遍做法，能在一定程度上减少疫病发生，但是会把细菌和病毒通过土壤、地下水等四处传播;循环再利用主要采用堆积发酵、高温高压处理将病死畜禽作为肥料、饲料、沼气等,实现循环再利用[1]。

西藏畜牧业绿色发展技术清单见表5-2。

表5-2 西藏畜牧业绿色发展技术清单

	产前	产中	产后
水资源	人工垫圈技术、雨污分流技术	集中供水技术、新型环保畜禽舍、节水型降温技术、干清粪技术	厌氧处理技术、好氧处理技术和混合处理技术
土地	种养结合技术、集约化养殖技术	—	物理、化学、生物修复技术
饲料	研发环保型饲料	科学配料技术、科学饲养技术	堆肥技术、生物发酵技术、高效固液分离技术、干燥技术
兽药	选育抗病、抗疫的优良畜禽品种及研发推广绿色兽药	化学防治技术、管理技术	病死畜禽无害化处理技术

5.2 西藏农业绿色发展技术综合评价

农业绿色发展技术是一个由多属性、多层次的技术集合形成的复合系统,综合考虑经济、技术、环境等因素,选择适宜农业特点的绿色发展技术,确定绿色发展技术评估指标和方法,对于科学、有效地进行相关技术甄选,引导和推动西藏农业绿色发展技术的研究推广和农业面源污染防治具有重要的现实意义。西藏农业绿色发展技术评估不是简单的一维物理量,而是一个包括经济效益、技术性能和环境效益等多因素影响的多层向量。本书采用层次分析方法,首先确定农业绿色发展技术评价的主要影响因子,然后分解为能体现该指标的亚指标,再对其进行进一步分解,形成单项评价指标。

5.2.1 评估指标体系的构建原则

农业绿色发展技术评估可能包含的原始指标很多,筛选评价指标、构建指

---

[1] 远德龙,宋春阳.病死畜禽尸体无害化处理方式探讨[J].猪业科学,2013(6):82-84.

标体系时必须遵循一定的原则和标准,尽可能反映农业绿色发展技术的特征。农业绿色发展技术评估指标的选取和指标体系的构建主要遵循如下3个原则:

(1) 科学性原则。评估指标体系应该客观、准确地反映农业绿色发展技术的本质和特征,能够在横向、纵向水平上对其进行比较和综合评价;每个层次、每个指标的设计都要有科学依据,不能全凭主观臆测,脱离实际;不同层次的指标不能相互矛盾,同一层次指标的级次应当相当。同时,各指标应该具有独立性,相互之间应避免重叠、交叉或包含。

(2) 完整性原则。评估指标体系所反映的广度和深度,应该包含或覆盖农业绿色发展技术的全部本质属性和特征。指标体系的构建需要尽可能全面地提取出能够反映其本质的主要指标,从而保证农业绿色发展技术评估的全面和完整。

(3) 可行性原则。在满足完整性原则的前提下,应尽可能减少指标的数量,避免形成庞大的指标群或层次复杂的指标树,不利于定量评估。评估指标的概念要清晰明确、简单易行,不应存在歧义,并且指标可测量,数据方便采集,计算方法科学合理,评估过程简单,利于掌握和操作。

5.2.2 评估指标体系的构成

考虑到农业的基础地位,农业绿色发展技术评估指标设置既要体现绿色发展"预防为主、源头削减、全过程控制"的核心理念,又要兼顾农业产出效益和发展能力;既要引导推广可行的绿色发展技术,又要完善适应市场经济的农业经营制度。根据农业绿色发展的要求和指标体系构建原则,农业绿色发展技术评估指标要建立在科学、客观的基础上,具有代表性,易于评价和考核,既能反映农业绿色发展"节能、降耗、减污、增效"的本质内涵,又要避免指标间的重叠,便于从各个侧面反映出主要影响因素,全面系统地反映绿色发展实施前后各方面的正负效益。本书构建了一个三层次的农业绿色发展技术评估指标体系,一级指标由经济效益、技术性能和环境效益三方面组成,二级指标和三级指标分别在一级指标和二级指标下选择若干因子组成整个评价指标体系。农业绿色发展技术具有目标明确、社会效益大于经济效益、项目组成复杂等特点,经济、技术、环境都由诸多因子组成,有些因子可以定量并且容易定量,而有些因子则难以定量或者说难以取得定量数据。因此,对二级指标特别是三级指标的选择不可避免地存在着不完备的缺陷。

1) 经济效益

经济效益是衡量农业绿色发展技术经济有效性的基础性指标,经济效益评价标准包括顺次递进的3个层次:①满足人类原始生存意义上的物质产出增长率衡量;②资源的有效配置,用要素投入的边际产出衡量;③农业增长及波动,用投入要素价格水平及产出价格水平的变化衡量。这3个层次的评价标准,反映了产量、质量、投入产出的转化方式,生产资源的节约、生产力等,是衡量技术经济效益的基本尺度[1]。本研究选取产出变量、成本变量、效益变量作为经济效益的二级指标。农业产出变量可以进一步分解为土地产出率和劳动生产率。其中,土地产出率为单位面积土地上的平均农业产值,能够反映绿色发展技术对增加农产品产出的贡献;劳动生产率为每个农业生产者一年生产的农产品总量,能够在一定程度上体现绿色发展技术对农业生产者效率提高的贡献。成本变量的三级指标主要包括生产成本和外部成本,生产成本主要包括投资成本、使用成本和维护成本,外部成本主要是农业绿色发展对农业生产、生态环境、社会产生的影响,需要将这部分外部成本内部化,才能反映其真实的成本。效益变量的评价指标为投资收益率、投入产出率。投资收益率是技术收益与投资成本的比率,直接体现农业绿色发展技术投资的收益能力;投入产出率是技术试用期间的成本与获得的收益之间的比率。

2) 技术性能

技术性能是衡量农业绿色发展技术水平的基础性指标,主要包括技术成熟度、技术操作难度、技术管理难度。技术成熟度是衡量技术对目标满足程度的指标,主要通过与技术相关的概念、技术状态和技术能力等方面对技术成熟度进行评估。农业绿色发展技术成熟度可以进一步细分为理论研究、技术研发、示范工程、应用推广4个阶段。技术使用难度是直接影响技术推广和应用可能性的指标,可以将其分解为使用复杂程度、使用者要求、使用条件、使用强度、使用风险5个三级指标。其中,使用复杂程度主要指技术使用的步骤多少、复杂程度以及技术的易学程度;使用者要求主要指技术使用者具备的基础知识、学

---

[1] 邓家琼.农业技术绩效评价标准的变迁及启示[J].科学学与科学技术管理,2008(10):21-24.

习能力和灵活处理能力;使用条件主要指为保证技术效果所要求的水、气、土等环境条件;使用强度主要指技术对使用者体力和精力的消耗;使用风险是技术对使用者可能产生的危害。这些指标都可以用高、中、低来度量。技术管理难度表现为技术的维护复杂度和气候影响度,能在一定程度上反映技术的市场推广和占有前景,可以用大、中、小来度量。

3) 环境效益

环境效益是衡量农业绿色发展技术对资源环境影响的重要指标,其具有资源节约和污染物减排的双重效果,主要包括资源消耗和环境影响。资源消耗指农业生产对水资源、化肥、农药等资源的使用量,农业绿色发展技术通过提高资源有效利用率等途径减少资源使用和消耗量。资源消耗指标可以分解为水资源利用率、化肥利用率和农药利用率。环境影响指农业生产产生的废弃物(如秸秆、畜禽粪便)对生态环境的影响,农业绿色发展技术通过循环利用等方式减少农业面源污染。环境影响指标可以分解为秸秆综合利用率、畜禽粪便回收利用率、农膜回收利用率。农业绿色发展技术评估指标体系如图5-1所示。

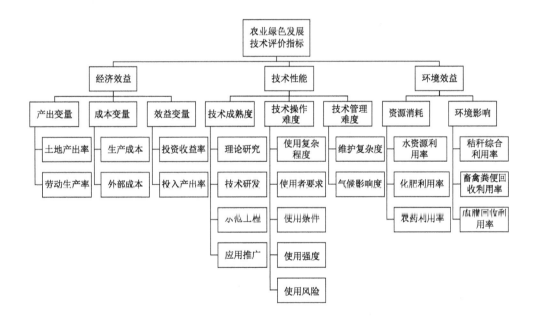

图 5-1　农业绿色发展技术评估指标体系

5.2.3 评价指标体系的综合计算方法

1) 三级指标的计算

对指标数值越高（大）越符合农业绿色发展要求的三级指标，其计算公式为：

$$S_i = \frac{S_{xi}}{S_{oi}}$$

对指标数值越低（小）越符合农业绿色发展要求的三级指标，其计算公式为：

$$S_i = \frac{S_{oi}}{S_{xi}}$$

式中：S_i 为第 i 项三级评价指标的评价指数；S_{xi} 为该项三级评价指标的实际值；S_{oi} 为该项三级评价指标的评价基准值。

2) 二级指标的计算

二级指标是根据所属三级指标指数乘以各自的权重后加和计算得到的，其计算公式为：

$$P_i = \sum_{i=1}^{m} S_i \rho_i$$

式中：P_i 为第 i 项二级评价指标的评价指数；m 为该二级指标所属三级指标的项数；S_i 为该二级指标所属三级指标的指数值；ρ_i 为该三级指标的权重。

3) 一级指标的计算

同理，定量评价一级指标的计算公式为：

$$Q_i = \sum_{i=1}^{n} P_i \sigma_i$$

式中：Q_i 为第 i 项一级评价指标的评价指数；n 为该一级指标所属二级指标的项数；P_i 为该一级指标所属二级指标的指标值；σ_i 为该二级指标的权重。

4) 综合指标的计算

采用加权叠加的方法，将各个一级指标乘以各自的权重，再求和计算，就可

以得到农业绿色发展技术综合指数,其计算公式如下:

$$I = \sum_{i=1}^{o} Q_i \varphi_i$$

式中:I 为农业绿色发展技术综合指数;Q_i 为第 i 项一级评价指标的评价指数;o 为该综合指标所属一级指标的项数;φ_i 为该一级指标的权重。

评价指标的权重采用层次分析法确定。根据专家打分对各层次中各元素的相对重要性做出比较判断。依据重要性标度对因子权值分析采用"两两比较法"得出判断评分构成两两判断矩阵,经归一化运算确定权重,然后进行一致性检验。层次分析法重要性标度见表 5-3。

表 5-3 层次分析法重要性标度

因素 x, y 相比较	说明	$f(x, y)$	$f(y, x)$
x 与 y 同等重要	x, y 对总目标有相同的贡献	1	1
x 比 y 稍微重要	x 的贡献稍大于 y,但不明显	3	1/3
x 比 y 明显重要	x 的贡献稍大于 y,但不十分明显	5	1/5
x 比 y 十分重要	x 的贡献明显大于 y,但不特别突出	7	1/7
x 比 y 极其重要	x 的贡献以压倒优势大于 y	9	1/9
x 比 y 处于上述两相邻判断之间		2, 4, 6, 8	1/2, 1/4, 1/6, 1/8

5.3 西藏农业绿色发展技术推广和应用面临的主要障碍

5.3.1 制度约束

尽管我国已经出台了《中共中央国务院关于加快推进生态文明建设的意见》《关于创新体制机制推进农业绿色发展的意见》等农业绿色发展相关政策,

但我国未形成完整的农业绿色发展政策体系,政策支持和引导力度不够,推广机制缺乏,这些成为制约农业绿色发展技术推广和应用的制度根源。现有法律法规和政策的滞后和缺陷主要表现在 3 个方面。一是未形成完整的政策体系。农业绿色发展政策主要出现在红头文件、工作报告和会议文件中,缺乏一部专门的农业绿色发展法律,尚未在国家层面上建立起包括法律法规、部门规章、标准和管理制度等在内的完整农业绿色发展政策体系。二是现有政策不合理。一方面,对化肥行业的税收优惠和财政补贴政策在一定程度上违背了市场经济规律,加大了化肥替代和农业绿色发展技术研发应用的竞争风险和成本,成为农业绿色发展技术推广和应用的重要瓶颈。另一方面,对农业绿色发展技术研发、推广和应用的补贴力度过小,补贴结构不合理,无法对研发者、推广者和应用者形成正向激励。三是缺乏行之有效的推广机制。农业绿色发展技术只有迅速转化、推广和应用才能实现其经济效益和环境效益。但是,长期以来,西藏农业技术推广体系处于"人散、线断、网破"的状态,缺乏行之有效的推广机制,农业技术中介服务体系和技术市场制度不完善,缺乏统一的规范管理和连续性服务,造成农业绿色发展技术推广和应用中的问题无法反馈,技术供给与技术需求脱节。

5.3.2 市场约束

市场不完善、信任缺失和低水平均衡严重制约农业绿色发展技术需求市场的形成。西藏农业绿色发展市场和环境友好型农产品市场处于初级阶段,支撑农业绿色发展的生产资料和生产技术服务体系尚未形成,绿色农产品和有机农产品认证中的寻租行为盛行、市场监管不力等因素造成环境友好型农产品市场存在大量机会主义和败德行为。市场不完善、信息缺失导致环境友好型农产品市场成为"柠檬市场",出现"橘车"效应,使得消费者对绿色和有机农产品存在信任危机和低支付意愿,进而导致绿色和有机农产品市场价格降低,需求市场萎缩,形成低需求和低供给的低水平均衡的市场。现有不完善、不成熟的农业绿色发展市场使农业绿色发展技术的研发者和采用者无法获得足够的经济利益,直接抑制了农业绿色发展技术的研发、推广和应用,影响农业绿色发展技术市场的健康、有序发展。

5.3.3 技术约束

农业绿色发展技术是以生态、生物、环境保护等多门学科为源泉,由节水节肥节药、废弃物资源化等构成的一系列农业技术的综合,具有难度大、周期长、成本高、风险大的特点。作为新技术,农业绿色发展技术要兼顾农业增产和环境友好的双重任务,兼具经济、环境和社会效益,研发、推广和应用有较高的门槛和较大的不确定性,没有太多的经验可循,既要克服技术壁垒,经受不可预测的气候、自然条件的考验,还要受到农户接受程度等不确定因素的影响,研发和推广应用的成本和风险都较高,收益不能保证。例如,一些农业绿色发展技术的使用成本高于传统的化学投入品,而且使用起来有相应的操作规程,较为费事,在收益不一定增加的情况下,农户不愿承担这样的额外成本。一些农业绿色发展技术要求减少化学品投入,如减少农药化肥的使用量,可能会导致农业产量或品质下降,造成农户收益减少,直接影响农户采用的积极性。此外,农业绿色发展技术对技术性能和使用者素质的要求较高,除了耗费较高的研发和推广应用成本外,还包含较高的学习成本。

5.3.4 个体约束

西藏农牧民知识水平相对较低、环境意识较差、强经济偏好和风险规避的特征,对农业绿色发展技术的推广应用具有不利影响。农牧民受教育水平相对较低,多数是小学和初中文化程度的劳动者,技术人才短缺,不具备应用农业绿色发展技术的相关知识,难以适应从传统农业向绿色农业的转变,无法满足农业可持续发展的要求。农牧民的环境意识差,只追求眼前利益,倾向于采用有利于增加产量却污染环境的传统农业技术,对化肥、农药等化学产品的依赖程度较高,进行高投入、高排放、高污染的粗放型农业生产,使得保护资源、培肥地力、减少环境污染的农业绿色发展技术在农业生产中难以推广应用[1]。此外,农户收入水平低,具有强经济偏好和风险规避特征,对新的农业绿色发展技术使用意愿和接受程度较低。当农业绿色发展技术的成本较高和收益不确定时,

---

[1] 伍世良,邹桂昌,林健枝.论中国生态农业建设的五个基本问题[J].自然资源学报,2001,16(4):320-324.

受农药化肥等化学投入品依赖惯性的影响,农户会拒绝使用该技术,直接阻碍农业绿色发展技术的推广应用。当且仅当农户使用农业绿色发展技术的成本不高于、收益不低于传统农业技术时,农户才可能会使用该技术。因此,农业绿色发展技术需要政策引导和财政补贴,降低其成本,提高其收益,才能激发农牧民使用的积极性。

6 西藏农牧民农业绿色发展技术选择行为研究

农牧民是农业生产资源的占有者和使用者,其对农业技术的选择直接决定农业生产对生态环境的影响。农业绿色发展技术是一种农业生态环境友好型技术,农户采用该技术(如水肥一体化和绿色防控技术)可以有效缓解农业面源污染[1]。文化程度、家庭收入、种植面积、技术培训、组织化程度、相关政策等都是影响农户技术选择的重要因素[2-6]。本部分以林芝市巴宜区、米林县、工布江达县为调查区域,对农牧民的农业生产情况及其环境影响、农业绿色发展技术的认知情况与选择意愿等方面进行了深入调研,在获得农牧民调查数据的基础上,利用 Probit 分析了西藏农牧民采用农业绿色发展技术的主要影响因素。

6.1 研究区概况

林芝市位于西藏东南部,地处雅鲁藏布江中下游,其西部和西南部分别与

---

[1] 葛继红,周曙东,朱红根,等.农户采用环境友好型技术行为研究:以配方施肥技术为例[J].农业技术经济,2010(9):57-63.

[2] 黄季焜,胡瑞法,智华勇.基层农业技术推广体系30年发展与改革:政策评估和建议[J].农业技术经济,2009(1):4-11.

[3] 庄丽娟,张杰,齐文娥.广东农户技术选择行为及影响因素的实证分析:以广东省445户荔枝种植户的调查为例[J].科技管理研究,2010(8):90-92.

[4] 向东梅.促进农户采用环境友好技术的制度安排与选择分析[J].重庆大学学报(社会科学版),2011,17(1):42-47.

[5] 赵丽丽.农户采用可持续农业技术的影响因素分析及政策建议[J].经济问题探索,2006(3):87-90.

[6] Mengistie B T, Mol A P J, Oosterveer P. Pesticide use practices among smallholder vegetable farmers in Ethiopian Central Rift Valley[J]. Environment Development and Sustainability, 2017(19):301-324.

拉萨市、山南市相连,东部和北部分别与昌都市、那曲市相连,南部与印度、缅甸两国接壤,被称为西藏的江南。全市总面积11.7万平方公里,下辖巴宜区1区以及工布江达、米林、波密、朗县、察隅、墨脱6县,2018年全市常住人口23.3万人,境内藏族、汉族、门巴族、珞巴族等多个民族和睦相处。林芝市地貌以高山峡谷为主,平均海拔3 000米左右,是世界陆地垂直地貌落差最大的地带(海拔最大相差7 635米),形成了热带、亚热带、温带及寒带气候并存的立体气候,具有冬无严寒、夏无酷暑、辐射强烈、无霜期长、降水丰沛的特征。全市土地面积1.7亿亩,其中林地面积9 111.3万亩,所占比重最大(占53%),活立木蓄积量8.8亿立方米,占全区活立木蓄积量的64.9%,是我国最大的原始林区,是世界生物多样性最典型的地区,高等植物达2 000多种。牧草地面积3 072.3万亩,耕地面积28.8万亩,园地面积1.2万亩。

林芝市独特的地理位置、地形地貌和气候条件等使其在农业绿色发展中具有先天优势。多种气候带并存的气候特征使林芝市具有种类繁多的农业资源。农作物中,粮食作物包含青稞、小麦、玉米等,察隅、墨脱等亚热带地区还可以种植水稻、荞麦、高粱等。水果有苹果、梨、桃、葡萄、香蕉、核桃等,蔬菜有油菜、萝卜、白菜、土豆、花菜、黄瓜等,还种植有高原绿茶。林芝市分布着较大规模的果园、茶园和菜园,畜禽品种也丰富多样,既有高海拔地区特有的藏牦牛、藏绵羊,又有河谷农业区的黄牛、奶牛、藏猪、藏鸡等。林芝市还有1 000多种野生药用植物,其中常用中草药400多种,如冬虫夏草、藏红花、天麻、灵芝等,还有松茸、猴头、黑木耳等200多种菌类。丰富的特色农业资源为林芝市农业绿色发展奠定了坚实的物质基础,也是当地农牧民的重要收入来源。林芝市粮食、肉类等农产品生产的集约化水平较高,农产品市场供给比重大,尤其是水果、藏药材等产品在全区的市场占有率较高,如水果年产量约4 800吨,约占全区水果总产量的56.7%。林芝松茸、林芝藏香猪、米林藏鸡、墨脱石锅等特色产品获得了国家地理标志保护产品认证。

近年来,林芝市立足气候优势,大力发展现代、高效、生态特色农牧业,重点做好"一带四基地"(特色林果种植产业带,茶叶、蔬菜、藏药材种植基地和藏猪养殖基地)建设,强化农牧业基础地位,努力实现"农牧业增效、农牧民增收、农牧区发展"的主要任务。截至2019年底,全市累计种植林果面积达27.68万亩、现有林果面积 8.5 万亩,茶叶种植面积 4.6 万亩,蔬菜种植面积 0.9 万亩,藏药材累计种植面积 1.47 万亩,藏猪养殖规模 23 万头,共有涉农企业 77 家,农牧特色产业龙头企业 15 家,农牧民专业合作社 1 002 家。2019 年,林芝市特色产业辐射带动 1 万余户 4 万余人致富增收,促进项目区人均增收 2 000 元以上。特别是通过茶园建设、茶青采摘等带动 9 388 名群众增收 3 051 万元,人均增收 3 249 元。

2018 年,全市实现地区生产总值 150 亿元,同比增长 9.3%,按常住人口计算人均生产总值 64 377.7 元,与全国平均水平基本持平。其中,第一产业增加值 11.2 亿元,增长 4.1%;第二产业增加值 61.0 亿元,增长 16.7%;第三产业增加值 77.8 亿元,增长 5.1%。三次产业增加值的比例为 7.5∶40.7∶51.8。全年财政总收入达 13.8 亿元,增长 6.5%。城镇居民人均可支配收入 29 680 元,增长 10.1%;农村居民人均可支配收入 14 820 元,增长 10.5%。

2000—2018 年,林芝市农业总产值由 3.4 亿元增长到 15.31 亿元,年均增长 8.7%(图 6-1)。其中,农业产值所占比重最大,2018 年为 7.3 亿元;牧业产值居第二位,2018 年为 7.2 亿元;2018 年,林业和渔业产值分别为 0.3 亿元和 0.01 亿元,农林牧渔服务业产值为 0.5 亿元(图 6-2)。2018 年,农作物播种面积 2.4 万公顷,其中粮食作物播种面积 1.8 万公顷,占 75%,蔬菜种植面积 0.2 万公顷;粮食总产量 8.8 万吨,其中小麦产量 3.7 万吨,青稞产量 2.1 万吨,蔬菜产量 1.5 万吨;肉类总产量 1.3 万吨,其中牛肉产量 0.6 万吨,羊肉产量 0.02 万吨,猪肉产量 0.6 万吨;奶类产量 2.5 万吨,禽蛋产量 0.09 万吨。

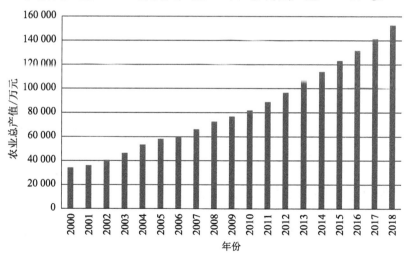

图 6-1　2000—2018 年林芝市农业总产值

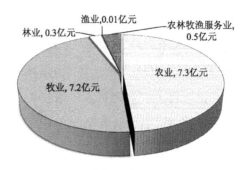

图 6-2 2018 年林芝市农业总产值构成

从农业总产值的区域分布来看,波密县的农业总产值位居第一,2018 年其农业总产值为 29 043 万元,其农业产值也处于全市 7 个县(区)的第一位;工布江达县的农业总产值处于第二位,2018 年其农业总产值为 29 023 万元,其牧业产值处于全市 7 个县(区)的第一位;墨脱县的农业生产总值处于最后一位,2018 年其农业总产值为 5 582 万元(图 6-3)。

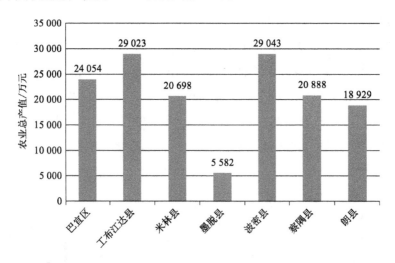

图 6-3 2018 年林芝市各县(区)农业总产值

6.2 调查问卷设计与数据来源

2017 年 10—11 月和 2018 年 9—10 月,著者在巴宜区、米林县、工布江达县各选取农牧业比较发达的3个乡镇进行问卷调查,每个乡镇随机选取20户农牧民作为调查对象,共发放180份调查问卷。尽管采用的是面对面调查的方式,但是由于语言不通、表达和理解能力存在误差等方面的制约,获得有效问卷146份,问卷有效回收率为81.1%。调查问卷分布情况如表6-1所示。在有效问卷中,以畜牧业为主的牧民问卷26份,以种植业为主的农民问卷85份(包含11份以水果种植为主的果农问卷),半农半牧的农牧民问卷35份。为了增强研究的代表性,著者委托巴宜区、米林县、工布江达县农牧局在上述乡镇发放了300份调查问卷,并获得251份有效问卷。本书以397份有效问卷为基础,对农牧民选择农业绿色发展技术的影响因素进行实证研究。

表6-1 调查问卷分布情况

调查区域			发放问卷数	有效问卷数
巴宜区	林芝镇	尼池村	10	10
		嘎拉村	10	9
	布久乡	嘎玛村	10	8
		仲沙巴村	10	8
	鲁朗镇	郎林村	10	8
		东巴才村	10	9
米林县	米林镇	热嘎村	10	10
		多嘎村	10	8
	里龙乡	里龙村	10	9
		甲帮村	10	9
	卧龙镇	卧龙村	10	7
		本宗村	10	7
工布江达县	巴河镇	朗色村	10	8
		秀巴村	10	7
	金达镇	金达村	10	7
		扎布村	10	6
	加兴乡	松多村	10	8
		白朗村	10	8
合计			180	146

调查问卷主要包含 4 个方面的内容：户主基本特征，包括性别、年龄、民族、文化程度、家庭规模等；生产经营情况，包括家庭收入及其构成、种植面积、牲畜数量、种植成本及其构成、养殖成本及其构成、农药使用情况、化肥使用情况等；农牧民环境意识，包括农牧民对环保重要性的认识、最关心的环境问题、对村庄环境状况的满意程度、农业废弃物处理方式、化肥和农药使用危害性认知等；农牧民采用农业绿色发展技术的补贴意愿，包括技术采用意愿、技术采用补贴意愿等。

6.3 农牧民基本特征与生产经营情况

6.3.1 被访者的性别、年龄、民族状况与文化程度

由于男性户主既是农业生产中的主要劳动力，又在家庭决策中占据重要地位，因此在发放调查问卷时，注重对男性户主的调研。397 份有效问卷中，以男性户主为调查对象的问卷为 313 份，占 78.8%；女性被访者为 84 人，占 21.2%。从年龄结构来看，被访者以中老年为主。193 个被访者年龄为 41～50 岁，占 48.6%；106 个被访者年龄为 51～60 岁，占 26.7%；71 个被访者年龄为 31～40

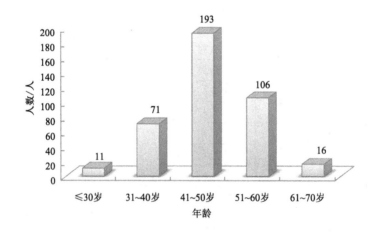

图 6-4　被访者的年龄结构

岁,占 17.9%;小于等于 30 岁和 61～70 岁的被访者仅为 27 人,占 6.8%(图 6-4)。这在一定程度上反映出西藏农牧民年龄存在一定的老龄化问题,绝大部分家庭中的 20～30 岁的年轻人均外出务工,不愿意从事农业生产。被访者均为少数民族,藏族占绝大多数,343 个被访者为藏族,占 86.4%。被访者的文化程度普遍较低,以小学和初中为主,185 个被访者(占 46.6%)为小学文化,117 个被访者(占 29.5%)为初中文化,79 个被访者(占 19.9%)为文盲及小学以下,仅有 16 个被访者(占 4.0%)为高中文化(图 6-5)。高中文化的 6 个被访者的年龄均为 35 岁以下。

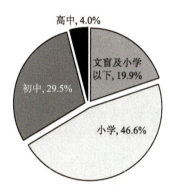

图 6-5 被访者的文化程度

6.3.2 被访者的家庭规模、生产规模和家庭收入状况

由于国家并未对西藏的藏族等少数民族实行计划生育政策,农牧民家庭规模较大,大多数家庭有 6 或 7 个人。其中,155 个被访者家庭有 6 人,占 39.0%;131 个被访者家庭有 7 人,占 33.0%;84 个被访者家庭有 5 人,占 21.2%;家庭人口数小于等于 4 人或大于等于 8 人的为 27 户,仅占 6.8%(图 6-6)。

231 份以种植业为主的农民调查问卷显示,受访者户均种植面积为 0.83 公顷,劳动时间达到 7 个月以上的占 74.1%,户均家庭总收入为 28 729.3 元,68.9%的被访者农业收入占家庭总收入比重达到 50%以上。71 份以养殖业为主的牧民调查问卷显示,受访者户均牲畜存栏量为 31 头(只),劳动时间为 4～6 个月的占 50.7%,户均家庭总收入为 21 132.7 元,71.6%的被访者农业收入占家庭总收入比重达到 50%以上。95 份半农半牧的农牧民调查问卷显示,受访

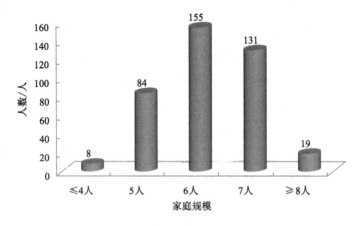

图 6-6 被访者的家庭规模

者户均种植面积为 0.61 公顷,户均牲畜存栏量为 23 头(只),劳动时间达到 7 个月以上的占 74.7%,户均家庭总收入为 33 611.7 元,79.2% 的被访者农业收入占家庭总收入比重达到 50% 以上(表 6-2)。由此可见,农业是劳动密集型产业,农牧民的劳动时间较长、劳动强度较大,农牧民的家庭收入相对较低,特别是纯牧民的收入最低,脱贫致富压力比较大,农业收入在农牧民家庭收入中的比重较高,但是所占比重有下降的趋势,家庭中的年轻人基本都外出务工,非农收入在收入中所占比重越来越大。

表 6-2 被访者的农业收入占家庭总收入的比重及劳动时间

类型	指标	取值范围	人数/人	所占比重/%
农民 (231 人)	家庭总收入	≤15 000 元	25	10.8
		15 001~25 000 元	84	36.4
		25 001~35 000 元	79	34.2
		≥35 001 元	43	18.6
	劳动时间	1~3 月	19	8.2
		4~6 月	41	17.7
		7~9 月	125	54.1
		10~12 月	46	20.0

(续表)

类型	指标	取值范围	人数/人	所占比重/%
牧民 (71人)	家庭总收入	≤15 000元	14	19.7
		15 001~25 000元	38	53.5
		25 001~35 000元	14	19.7
		≥35 001元	5	7.0
	劳动时间	1~3月	0	0.0
		4~6月	36	50.7
		7~9月	30	42.3
		10~12月	5	7.0
农牧民 (95人)	家庭总收入	≤15 000元	5	5.3
		15 001~2 5000元	11	11.6
		25 001~35 000元	44	46.3
		≥35 001元	35	36.8
	劳动时间	1~3月	5	5.3
		4~6月	19	20.0
		7~9月	52	54.7
		10~12月	19	20.0

6.3.3 被访者的农业生产成本及其构成

被访者对农业生产成本的认知不足,被访者并不清楚农业生产总成本。在成本构成方面,农民认为最主要的生产成本是农药和化肥,牧民认为最主要的生产成本是牲畜良种和兽药,但是他们并不清楚具体成本是多少。可能的原因在于西藏对农牧民的补贴较多,农牧民对生产成本并没有太多概念,说明这些补贴政策在一定程度上阻碍了农牧民采取农业绿色发展技术。

6.4 农牧民采纳农业绿色发展技术的意识、行为及意愿

6.4.1 农牧民的环境意识

1) 农牧民对环境保护重要性的认同度有待提高

201 个农牧民(占 50.7%)认为环境保护很重要或比较重要,这在一定程度上表明仍有近一半的被访者仍未认识到环境保护的重要性(图 6-7)。在各类环境问题中,生活垃圾、水资源短缺、水污染成为农牧民最关心的环境问题(266 人,占 67.0%)(图 6-8)。但是,农牧民对这些环境问题的关注度差别不大,这在一定程度上反映了西藏农村环境问题的复杂化和多样化。而且,环境保护与脱贫致富、社会保障、医疗卫生、义务教育等其他公共服务相比,农牧民最关注的是与自己利益相关性更大的脱贫致富、医疗卫生等,没有人选择最关注环境保护(表 6-3)。这说明西藏针对农牧民的环境保护宣传力度应当加大,从而提高其环境保护意识,减少农业绿色发展的阻力。

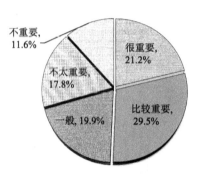

图 6-7 农牧民对环境保护重要性的认识

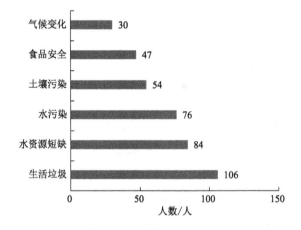

图 6-8 农牧民最关心的环境问题

表 6-3　农牧民最关心的公共问题

公共问题	人数/人	比重/%
脱贫致富	280	70.5
医疗卫生	57	14.4
社会保障	35	8.8
义务教育	25	6.3
环境保护	0	0

2) 农牧民对村庄环境状况满意度较低

只有 84 个农牧民（占 21.2%）对本村环境状况很满意或较满意，却有 128 个农牧民（占 32.2%）对本村环境状况很不满意或不满意（图 6-9）。农牧民认为本村环境状况存在的主要问题是畜禽粪便太多（199 人，占 50.1%）和生活垃圾乱扔（147 人，占 37.0%）（图 6-10）。这表明西藏村庄人居环境综合整治的重点应该放在畜禽粪便治理和固废垃圾清运方面，逐渐实现畜禽粪便资源化利用，建立"户集+村收+镇运输+县处理"的垃圾收集和处理模式。但是，农牧民对于农药和化肥过量施用造成的环境问题认识不高，这可能与此类问题比较隐蔽，不易被感官察觉以及农牧民的环境意识不强有关系。

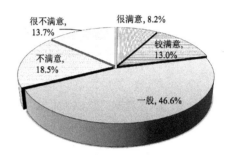

图 6-9　农牧民对村庄环境状况满意度

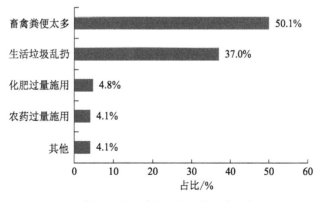

图 6-10　农牧民认为造成村庄环境污染的主要原因

3）农牧民对农业生产造成环境污染的认知较少

农业面源污染源可以分成两类：一类是由于农业生产前端某些物品的过度投入而导致的污染排放，主要包括农药、化肥等化学投入品过度使用形成的污染排放；另一类是农业生产末端产生的废弃物，例如秸秆、畜禽粪便等。问卷中主要从这两方面调查农牧民对农业生产造成面源污染的认知情况，一方面了解农牧民对水资源、化肥、农药等农业投入品过量使用的认知，另一方面了解农牧民对秸秆、畜禽粪便等农业废弃物造成环境污染情况的认知。调查结果见表6-4。

表6-4 农牧民对农业生产造成环境污染的认知情况

项目			认知情况	
			人数/人	占比/%
农业生产前端	农业用水量	严重浪费	41	10.3
		有些浪费	87	21.9
		用量正常	204	51.4
		不知道	65	16.4
	化肥施用量	过量	87	21.9
		不过量	226	56.9
		不知道	84	21.2
	农药施用量	过量	79	19.9
		不过量	247	62.2
		不知道	71	17.9
农业生产末端	畜禽粪便造成污染	会	258	65.0
		不会	120	30.2
		不知道	19	4.8
	秸秆造成污染	会	193	48.6
		不会	174	43.8
		不知道	30	7.6

结果显示，204个被访者（占51.4%）认为农业用水量正常，不存在浪费问题；仅有41个被访者（占10.3%）认为农业用水存在严重浪费，87个被访者（占

21.9%)认为农业用水有些浪费,还有 65 个被访者(占 16.4%)不知道农业用水量是否过多。226 个被访者(占 56.9%)认为农业生产中的化肥施用并不过量,仅 87 个被访者(占 21.9%)认为农业生产中化肥施用量过多,84 个被访者(占 21.2%)不清楚化肥是否存在过量施用问题。247 个被访者(占 62.2%)认为农业生产中的农药施用量并不过量,仅 79 个被访者(占 19.9%)认为农药施用量过多,71 个被访者(占 17.9%)不清楚农药施用量是否过多。由此可见,农牧民对水资源、化肥、农药等农业投入品对环境污染的认识不足,超过一半的被访者认为农业用水量正常且化肥、农药施用并不过量,这可能与农牧民对于传统农业生产方式的依赖有关系。

258 个被访者(占 65.0%)认为畜禽粪便排放会产生污染,120 个被访者(占 30.2%)认为畜禽粪便排放不会产生污染,19 个被访者(占 4.8%)不清楚畜禽粪便排放会不会造成污染。193 个被访者(占 48.6%)认为农作物秸秆焚烧或堆放会产生污染,174 个被访者(占 43.8%)认为农作物秸秆焚烧或堆放不会产生污染,30 个被访者(占 7.6%)不清楚农作物秸秆会不会造成污染。与农牧民对农业生产前端产生环境污染的认知相比,农牧民对农业生产末端秸秆、畜禽粪便等废弃物排放造成环境污染的认知更多,这可能与农业生产末端产生的污染更容易被农牧民感知到有关系。因此,政府相关部门如环保局、农牧局等应当加大对于农业面源污染的宣传力度,增强农牧民的环境意识,特别是进一步加大对于农业生产前端造成的面源污染的相关宣传。

6.4.2 农牧民的农业绿色发展意识

1)农牧民对农业绿色发展相关概念和技术的认知较少

问卷中选取了部分有代表性的农业绿色发展概念和技术(如农作物良种、牲畜良种、有机肥、"三品一标"等),调查农牧民对农业绿色发展的认知情况。调研结果显示,397 个被访者中,321 人(占 80.9%)了解农作物良种,283 人(占 71.3%)了解牲畜良种,242 人(占 61.0%)了解有机肥,226 人(占 56.9%)了解秸秆还田,仅有 79 人(占 19.9%)了解无公害农产品,44 人(占 11.1%)了解农产品地理标志。还有 33 人(占 8.3%)不清楚上述所有概念和技术,他们全是 55 岁以上的小学及以下学历的农牧民(图 6-11)。63 人(占 15.9%)对被调查的 11 个农业绿色发展概念和技术均了解，这些被访者中，从年龄来看，45 人处于 25~35 岁，18 人处于 36~45 岁。从文化程度来看，全部都是高中学历。从担任干部情况来看，52 人担任村干部。由此可见，农牧民对林芝市近几年大力推广的农作物良种和牲畜良种的认知程度较高，表明相关政府部门的宣传和推广达到了较好的效果，但是农牧民对生物农药、节水灌溉技术及"三品一标"（除绿色食品外）等相关概念和技术的认知仍较少。此外，农牧民对农业绿色发展相关概念和技术的了解情况受年龄、学历及是否担任村干部等多种因素的影响。

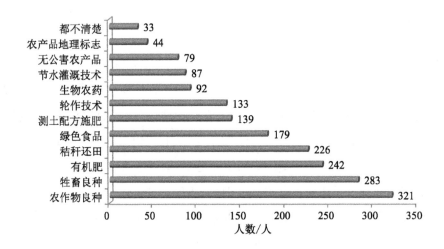

图 6-11　农牧民对农业绿色发展相关概念和技术的了解情况

2）农牧民对农业绿色发展影响的认识有失偏颇

绝大部分农牧民对于农业绿色发展的影响持消极态度。调查结果显示，308 个被访者（占 77.6%）认为其对收入有负向影响，24 个被访者（占 6.0%）认为农业绿色发展几乎没有影响，仅有 33 个被访者（占 8.3%）认为农业绿色发展会增加收入，有正向影响（图 6-12）。这 33 个认为农业绿色发展对收入有正向影响的农牧民均处于 25~35 岁年龄段，都是高中学历，而且都是村干部。

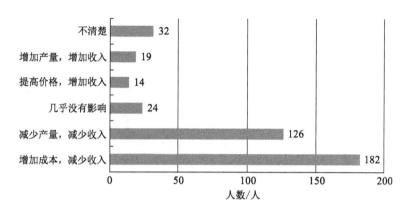

图 6-12 农牧民对农业绿色发展影响的认识

6.4.3 农牧民对农业绿色发展技术的选择行为及意愿

1) 农牧民采用农业绿色发展技术的意愿很低

调查结果显示,仅有 87 个被访者(占 21.9%)明确表示会使用农业绿色发展技术,226 个被访者(占 56.9%)只有在政府对农业绿色发展技术制定相关激励政策如进行补贴和开展培训时才会采用农业绿色发展技术,84 个被访者(占 21.2%)表示不会采用农业绿色发展技术(图 6-13)。由此可见,农牧民主动采用农业绿色发展技术的意愿很低,多数被访者要在相关部门建立补贴和培训制度后才会采用相关技术。被访者不愿意采用农业绿色发展技术的主要原因是认为成本太高(占 53.1%)或技术太复杂(36.3%)(图 6-14)。因此,政府加大对农业绿色发展技术的宣传力度和出台推广应用农业绿色发展技术的相关政策非常有必要。一方面让农牧民正确认识相关技术,消除采用这些技术对农产品产量和农牧民收入的负向影响;另一方面在资金和技术等方面对农牧民给予支持,调动农牧民采用农业绿色发展技术的积极性和主动性。

2) 农牧民对农作物秸秆、畜禽粪便等农业废弃物的利用率较高

231 个以种植业为主的被访者中,185 个被访者(占 80.1%)对秸秆进行了资源化利用,主要利用方式是秸秆直接还田,作为土壤肥料,增加土壤肥力;46 个被访者(占 19.9%)没有对秸秆进行利用。但是,需要注意的是,被访者将秸秆直接还田并不是因为他们的环境意识高,而是他们的种植习惯是将农作物秸

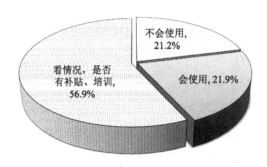

图 6-13　农牧民对农业绿色发展技术的采用情况

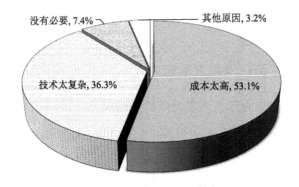

图 6-14　农牧民不愿意采用农业绿色发展技术的主要原因

秆直接扔到田中。166 个以养殖业为主的被访者中,114 个被访者(占 68.7%)对畜禽粪便进行了资源化利用,主要利用方式是将其收集起来用作家庭做饭、取暖的燃料;52 个被访者(占 31.3%)并未对畜禽粪便进行资源化利用(图 6-15)。由此可见,农牧民对农业废弃物的利用率虽然比较高,但是利用方式非常简单,而且利用的原因是传统种植习惯或生活习惯,而并不是意识到其存在污染而进行的利用。

3) 农牧民采用农业绿色发展技术的政策需求较大

通过对农牧民采用农业绿色发展技术的政策需求调查,排序按需求人数由多到少分别为良种补贴、畜禽粪便处理补贴、技术支持、有机肥补贴、农民培训、产地标准、市场准入(图 6-16)。340 个被访者(占 85.6%)需要良种补贴,这说明被访者希望借助于相关补贴采用农作物或牲畜良种,提高农产品的品质和产量,增加农业收入;283 个被访者(占 71.3%)需要畜禽粪便处理补贴,这说明随

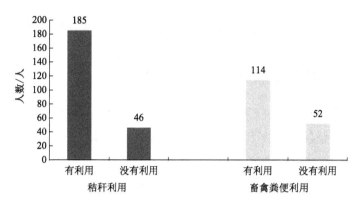

图 6-15 农牧民对农作物秸秆、畜禽粪便的利用情况

着畜禽粪便污染越来越严重,农牧民对治理畜禽粪便污染,实现其无害化、资源化的意愿非常强烈;228 个被访者(占 57.4%)需要技术支持和 166 个被访者(占 41.8%)需要参加技术培训,这在一定程度上说明农牧民对技术的需求非常强烈,亟须政府加强技术支持力度和增加培训次数;188 个被访者(占 47.4%)需要有机肥补贴,表明农牧民意识到化肥施用对农业环境和农产品的危害,期待通过实施有机肥补贴,增加有机肥的使用量,减少化肥的使用量;仅有 57 个被访者(占 14.4%)和 44 个被访者(占 11.1%)需要产地标准和市场准入政策,表明农牧民对相关标准的认识不足。

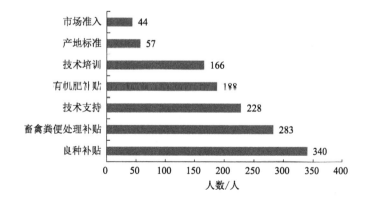

图 6-16 农牧民采用农业绿色发展技术的政策需求情况

6.5 农牧民农业绿色发展技术选择的影响因素分析

6.5.1 主要影响因素识别

根据研究内容,本书选取农牧民农业绿色发展技术选择行为为因变量,选取农牧民农业绿色发展技术选择行为的主要影响因素为自变量,根据调研结果,将其分为户主特征、家庭生产经营情况、环境认知、政策需求 4 类,每类因素又由一些具体因素组成,主要分为性别、年龄、文化程度等 15 个自变量,这些变量的名称、定义及其均值详见表 6-5。具体如下:

1) 户主特征

户主特征主要包括性别、年龄、文化程度、是否担任村干部、家庭规模等变量。

2) 家庭生产经营情况

家庭生产经营情况主要包括家庭总收入、劳动时间、种植规模和养殖规模等变量。

3) 环境认知

环境认知主要包括化肥施用量认知、农药施用量认知、秸秆污染认知和畜禽粪便污染认知等变量。

4) 政策需求

政策需求主要包括对补贴政策需求和对技术培训需求两个变量。

表 6-5 主要影响因素的变量选择、定义及其均值

变量类别	变量名称	变量定义	均值	预期方向
户主特征	性别 X_1	女=0,男=1	0.79	+
	年龄 X_2	实际年龄	47.44	—
	文化程度 X_3	文盲及小学以下=1;小学=2;初中=3;高中=4;大专及以上=5	2.18	+
	村干部 X_4	是=1;不是=0	0.27	+
	家庭规模 X_5	家庭人口数	6.17	不确定

(续表)

变量类别	变量名称	变量定义	均值	预期方向
家庭生产经营情况	家庭总收入 X_6	农业收入、打工收入和各种补贴之和	28 546.92	不确定
	劳动时间 X_7	<1个月=1;1~3个月=2;4~6个月=3;7~9个月=4;10~12个月=5	3.82	+
	种植规模 X_8	实际种植面积	0.77	不确定
	养殖规模 X_9	养殖牲畜数量	26.41	不确定
环境认知	化肥施用量认知 X_{10}	不过量=0;过量=1	0.22	+
	农药施用量认知 X_{11}	不过量=0;过量=1	0.20	+
	秸秆污染认知 X_{12}	无污染=0;有污染=1	0.49	+
	畜禽粪便污染认知 X_{13}	无污染=0;有污染=1	0.65	+
政策需求	补贴政策 X_{14}	不需要=0;需要=1	0.86	+
	技术培训 X_{15}	不需要=0;需要=1	0.79	+

6.5.2 模型构建

考虑到因变量——农牧民农业绿色发展技术选择行为是二元选择变量,即选择农业绿色发展技术($t=1$)和不选择农业绿色发展技术($t=0$),本书选择 Probit 模型对其主要影响因素进行估计。构建的模型公式如下:

$$\mathrm{Prob}(t=1\mid X_i)=\beta_0+\beta_1 X_1+\beta_2 X_2+\cdots+\beta_i X_i+\sigma_i$$

式中:X_i 为农户测土配方施肥技术选择行为的主要影响因素;β_0 为常数项;σ_i 为误差项。

6.5.3　模型估计与结果分析

利用 SPSS 19.0 统计软件对 397 个样本数据进行回归处理,估计结果见表 6-6。

表 6-6　农牧民农业绿色发展技术选择行为影响因素模型估计结果

变量类别	变量名称	系数	Z 统计值
户主特征	性别 X_1	0.006	0.49
	年龄 X_2	−0.003*	−1.61
	文化程度 X_3	0.022	0.39
	村干部 X_4	0.147	0.99
	家庭规模 X_5	0.062	0.74
家庭生产经营情况	家庭总收入 X_6	0.059**	2.39
	劳动时间 X_7	0.005	0.44
	种植规模 X_8	0.001	0.31
	养殖规模 X_9	0.003	0.42
环境认知	化肥施用量认知 X_{10}	0.271**	2.14
	农药施用量认知 X_{11}	0.162*	2.09
	秸秆污染认知 X_{12}	0.974	3.97
	畜禽粪便污染认知 X_{13}	0.493***	4.04
治理政策	补贴政策 X_{14}	1.135**	2.71
	技术培训 X_{15}	0.145***	4.18
	常数项	0.751	1.22
	似然函数的对数	−80.385	
	拟合优度	0.417	

注:***、**、*分别代表 1%、5%和 10%的显著性水平。

各变量对农牧民农业绿色发展技术选择行为的影响如下：

(1) 户主特征变量中，只有年龄(X_2)在10%的水平下显著并对农牧民农业绿色发展技术选择有负向影响，说明随着年龄的增长，农牧民对农业绿色发展技术的认识度和接受力下降，采用农业绿色发展技术的可能性降低。

(2) 家庭生产经营情况变量中，只有家庭总收入(X_6)在5%的水平下显著并对农牧民农业绿色发展技术选择有正向影响，说明家庭收入越高，农户越容易采用农业绿色发展技术，可能的原因在于农业绿色发展技术的成本往往更高，如配方肥的价格通常高于化肥。

(3) 环境认知变量中，化肥施用量认知(X_{10})在5%的显著性水平上通过检验并与农牧民农业绿色技术选择正相关，说明认为化肥施用量过多的农牧民采用农业绿色发展技术的概率更高。农药施用量认知(X_{11})在10%的显著性水平上通过检验并与农牧民农业绿色技术选择正相关，说明认为农药施用量过多的农牧民采用农业绿色发展技术的概率更高。畜禽粪便污染认知(X_{13})在1%的显著性水平上通过检验并与农牧民农业绿色技术选择正相关，说明认为畜禽粪便污染环境的农牧民采用农业绿色发展技术的概率更高。由此可见，环境认知变量对农牧民采用农业绿色发展技术影响显著，应该通过宣传、教育、培训等多种手段，努力增强农牧民的环境认知。

(4) 治理政策中的2个变量对农牧民农业绿色发展技术选择行为都有显著影响。补贴政策(X_{14})在5%的显著性水平上通过检验并与农牧民农业绿色发展技术选择行为正相关，可能的原因在于对农业绿色发展技术进行补贴能够有效激发农牧民采用农业绿色发展技术的积极性。技术培训(X_{15})在1%的显著性水平上通过检验并与农牧民农业绿色发展技术选择行为正相关，原因在于参与培训次数越多，农户对农业绿色发展技术的优点和使用方法越了解，也更倾向于采用农业绿色发展技术。

综上所述，本部分以农牧民农业绿色发展技术选择的影响因素为例对西藏农牧民的农业绿色发展技术选择行为进行实证研究。研究结果表明，西藏农业绿色发展政策和技术能否真正"落地"，被广大农牧民采用，受户主年龄、家庭总收入、环境认知、相关治理政策等多种因素的影响。其中，环境认知和治理政策的驱动作用影响显著。因此，在推进西藏农业绿色发展的过程中，应当逐步完善农业绿色发展管理政策体系,综合运用命令控制、经济刺激、劝说鼓励等多种政策工具,尤其要重视激励机制在农业绿色发展中的作用,充分调动广大农牧民的热情,让他们积极采用农业绿色发展技术,参与到农业绿色发展之中。

7 西藏农业绿色发展的政策需求

7.1 国家农业绿色发展政策体系

十八大以来,党中央、国务院对农业绿色发展的重视程度不断提升,中共中央、全国人大常委会、国务院以绿色发展为导向,从农业资源保护利用和高效利用、农业面源污染治理、农业生态恢复保育、农产品质量安全及农村环境综合治理等各个方面,先后出台了一系列促进农业绿色发展的重要法律法规和规范性政策文件,对各级政府在农业绿色发展方面的作用做出了界定。

2017年10月,中共中央办公厅、国务院办公厅印发了《关于创新体制机制推进农业绿色发展的意见》,进一步强调推进农业绿色发展是贯彻新发展理念、推进农业供给侧结构性改革的必然要求,是加快农业现代化、促进农业可持续发展的重大举措,对保障国家食物安全、资源安全和生态安全,维系当代人福祉和保障子孙后代永续发展具有重大意义。

本书附录按照时间顺序,将中共中央、全国人大常委会、国务院近年来出台的重要的农业绿色发展法律法规和规范性政策文件主要内容进行整理归纳。其中,综合性的法律法规有《环境保护法》《环境影响评价法》等(本书提到的法律法规均用简称,下同),修订后的《环境保护法》为适应新时期农业农村环境保护工作的开展奠定了法律基础。单行法律制度有《水法》《大气污染防治法》《农田水利条例》《畜禽规模养殖污染防治条例》《农药管理条例》等。党中央、国务院出台的规范性政策文件主要有《关于创新体制机制推进农业绿色发展的意见》《中共中央国务院关于加快推进生态文明建设的意见》《土壤污染防治行动计划》《国务院关于实行最严格水资源管理制度的意见》《国家农业节水纲要(2012—2020年)》《水污染防治行动计划》《全国农业现代化规划(2016—2020年)》《关于落实发展新理念加快农业现代化实现全面小康目标的若干意见》

《"十三五"生态环境保护规划》《中共中央关于制定国民经济和社会发展第十三个五年规划的建议》《关于加大改革创新力度加快农业现代化建设的若干意见》《关于全面深化农村改革加快推进农业现代化的若干意见》《关于加快发展现代农业进一步增强农村发展活力的若干意见》。上述法律法规和政策性文件的出台实施,为各部委和地方政府出台农业绿色发展政策做好了顶层设计,建立健全农业绿色发展的支持政策,为促进农业走出一条产出高效、产品安全、资源节约、环境友好的农业现代化道路保驾护航。

此外,中央一号文件连续多年多次指出"加强农业资源保护和高效利用""控制农业面源污染""加强农业生态修复",促进农业绿色发展。为贯彻落实党中央、国务院关于加强生态文明建设、推动绿色发展的决策部署,切实加强农业资源与生态环境保护,农业部(现为农业农村部)、发改委、环境保护部(现为生态环境部)、财政部、国土资源部(现为自然资源部)、水利部等部委陆续出台了相关政策。2015年5月《全国农业可持续发展规划(2015—2030年)》正式颁布实施,是今后一段时期指导农业绿色可持续发展的第一个专门性的纲领性文件。

7.1.1 农业资源保护和高效利用制度体系不断完善

一是建立一套资源保护红线管理制度和责任考核制度。《全国土地利用总体规划纲要(2006—2020)调整方案》《关于强化管控落实最严格耕地保护制度的通知》中,明确要求实行最严格的耕地保护制度,严控新增建设占用耕地,守住18亿亩耕地红线,确保基本农田不低于15.46亿亩。《全国农业可持续发展规划(2015—2030年)》明确要求在农业领域贯彻落实水资源开发利用控制红线和用水效率控制红线,到2020年全国农业灌溉用水量和农田灌溉水有效利用系数分别保持在3 720亿立方米和0.55。《水功能区监督管理办法》确立水功能区限制纳污红线,主要污染物入河湖总量控制在水功能区纳污能力范围之内。

二是建立资源保护和高效利用责任制度。《全国高标准农田建设总体规划》《国家农业综合开发高标准农田建设规划》细化了高标准农田建设标准和数量,有力提升耕地资源利用效率,《耕地质量保护与提升行动方案》对耕地质量提升、重金属污染治理、白色污染问题等提出了明确目标。《全国农业可持续发展规划(2015—2030年)》明确指出分区域规模化推进高效节水灌溉,加快农业高效节水体系建设,加强现有大中型灌区骨干工程续建配套节水改造,强化小型农田水利工程建设和大中型灌区田间工程配套,增强农业抗旱能力和综合生产能力,提高水资源利用效率,保障农业用水安全。

三是加快建立利益补偿机制。《建立以绿色生态为导向的农业补贴制度改革方案》中进一步完善森林、草原、湿地、水土保持、水生生物资源等生态补偿制度。建立地表水过度开发和地下水超采区专项治理补偿机制及节水灌溉补贴机制。建立江河源头区、重要水源地、重要水生态修复治理区和蓄滞洪区生态补偿机制。加大对粮食主产区的财政转移支付力度,增加对商品粮生产大省和粮油生产大县的奖励补助,降低或取消产粮大县直接用于粮食生产等建设项目的资金配套。

7.1.2 农业面源污染治理政策体系初步形成

2014年全国农业工作会议明确提出了农业面源污染治理"一控、两减、三基本"(农业用水总量控制;化肥、农药施用量减少;地膜、秸秆、畜禽粪便基本资源化利用)目标。具体是:农业用水总量控制在 3 720 亿立方米;化肥农药实现零增长,利用效率达到 40%;规模畜禽养殖废弃物处理设施比例达 75% 以上、秸秆综合利用率 85% 以上、农膜回收率 80% 以上。围绕以上目标,具体的行动体系正在形成。

一是农业面源污染监测网络初步建立。目前,我国已经初步建立了由 270 余个定位监测点组成的农业面源污染监测网络,在北方农田残膜污染严重的省份建立了由 210 个监测点组成的地膜污染监测网络,监测网络架构基本形成,未来将继续加密监测点位。

二是农药化肥零增长行动计划稳步推进。在中央领导指示精神下,2015年,农业部发布了《关于打好农业面源污染防治攻坚战的实施意见》,细化了农业面源污染防治的"一控、两减、三基本"目标,提出了打好农业面源污染防治攻坚战的总体要求,明确打好农业面源污染防治攻坚战的重点任务,加快推进农业面源污染综合治理,不断强化农业面源污染防治。2015年又相继发布了《到

2020年化肥使用量零增长行动方案》和《到2020年农药使用量零增长行动方案》,对化肥、农药的减量化做出了细致安排。

三是养殖污染防治纳入法治轨道。2012年,农业部会同环境保护部印发了《全国畜禽养殖污染防治"十二五"规划》。2014年生效的《畜禽规模养殖污染防治条例》和2015年生效的新《环境保护法》,为农业面源的依法治污奠定了基础。

四是农村生活污染治理、地膜和秸秆回收示范推广。全国建成农村清洁工程示范村1 600余个,生活垃圾、污水、农作物秸秆、人畜粪便处理利用率达到90%以上,化肥、农药减施20%以上,有效缓解了农业面源污染。在新疆、甘肃、山东、吉林等10个省区开展以地膜回收利用为主的农业清洁生产示范项目,支持开展加厚地膜推广、地膜回收网点和废旧地膜加工能力建设,积极解决农田"白色污染"问题。

7.1.3 农田生态修复提升政策框架初步建立

《全国生态功能区划(修编版)》《全国生态保护与建设规划(2013—2020年)》《关于扩大新一轮退耕还林还草规模的通知》《全国草原保护建设利用"十三五"规划》《全国湿地保护"十三五"实施规划》等政策文件颁布实施,对于增强林业生态功能、保护草原生态、恢复湿地功能、保护和恢复生物多样性等起到积极作用,林地、草原、湿地、农田林网功能的恢复和提升将进一步促进农田生态功能的修复和提升。

一是扩大新一轮退耕还林还草规模,把生态承受力弱、不适宜耕种的地退下来,种上树和草,从源头防治水土流失、减少自然灾害、固碳增汇和应对气候变化。如石漠化严重地区,对陡坡耕地划为基本农田且确需退耕还林还草的,在充分调查并解决好当地群众生计的基础上,扩大退耕还林还草的范围,贵州省新一轮退耕还林还草面积为2 000多万亩。

二是草原生态保护中不断加大对基本草原保护划定的监督检查力度,全面推进半农半牧区的基本草原划定工作,确立基本草原保护红线,重大生态工程区草原植被盖度比非工程区平均高出11个百分点,高度平均增加53.1%。同时,坚持基本草原保护制度,继续实施草原生态保护补助奖励政策和退牧还草工程,开展禁牧休牧、划区轮牧、舍饲圈养,推进草原改良和人工种草,促进草畜平衡,推动牧区草原畜牧业由传统的游牧向现代畜牧业转变。另外,加快农牧交错带已垦草原治理,实施还耕还草,恢复草地生态。通过在退耕地上种植优质多年生牧草,使其成为稳定的人工草地,草地生物量比同地区天然草原产量提高3倍以上。

7.2 西藏农业绿色发展政策体系

在2020年8月召开的中央第七次西藏工作座谈会上,习近平总书记指出,保护好青藏高原生态就是对中华民族生存和发展的最大贡献。在2015年8月召开的中央第六次西藏工作座谈会上,习近平总书记强调要坚持生态保护第一,采取综合举措,加大对青藏高原空气污染源、土地荒漠化的控制和治理,加大草地、湿地、天然林保护力度。李克强总理强调要突出抓好特色产业、基础设施、生态环保三项重点,提升西藏自我发展能力。着力发展特色农牧业及其加工业,建设好重要的世界旅游目的地,搞活商贸流通业,把西藏打造成为我国面向南亚开放的重要通道;严守生态安全底线、红线和高压线,完善生态综合补偿机制,切实保护好雪域高原,筑牢国家生态安全屏障。

在国家相关政策的支持下,西藏出台了诸多有利于农业绿色发展的强农、惠农、富农政策。"十二五"期间,西藏通过实施农作物良种补贴、牲畜良种补贴、种粮农民直接补贴和农资综合补贴等强农、惠农、富农政策,累计投入相关补贴和财政资金达到136亿元。主要政策及其内容如下:

7.2.1 农作物良种补贴

2014年,为了进一步完善农作物良种补贴政策,加快优质良种推广速度,西藏财政厅和农牧厅印发了《西藏自治区农作物良种补贴制度改革方案》,对补贴作物、补贴品种、补贴标准、资金使用等方面进行了进一步明确,规定对种植藏青2000、喜马拉22号、藏青320、喜马拉19号、油菜、马铃薯的农民按照实际种植面积给予补贴。粮食作物良种补贴的执行标准为青稞良种(藏青2000、喜马拉22号、藏青320、喜马拉19号)20元/亩,油菜、马铃薯、玉米、小麦良种10

元/亩,水稻良种 15 元/亩。

为落实良种补贴政策,各市地、县相关部门按照《西藏自治区农作物良种补贴制度改革方案》要求,结合本地实际制定良种补贴实施细则,按照统一组织、统一规划、集中投资、分片实施和分工负责的原则,在拉萨、日喀则、山南、林芝、昌都 5 市 35 个粮食主产县(区)、4 个农科所开展了农作物良种繁殖工作。在全区 63 个县(场)实施了良种推广补贴政策,政策覆盖青稞、小麦、水稻、马铃薯等五大类作物。

2016 年,全区农作物良种繁殖面积达到 19 万亩,推广农作物良种 227 万亩,其中"藏青 2000""喜马拉 22 号""山冬 7 号""冬青 18 号"粮食作物优良新品种 177.41 万亩,比上年增加 55.4 万亩。农作物良种补贴资金达到 4 857.56 万元。良种补贴政策的实施,调动了农民使用优良品种种植粮食的积极性,加快了良种化进程,提高了良种的覆盖率,发挥了良种在粮食生产中的增产增效作用[1]。

7.2.2　牲畜良种补贴

2015 年,西藏农牧厅和财政厅共同制定了《2015 年西藏牲畜良种补贴项目实施方案》,计划改良 16.5 万头黄牛,推广 21 850 只种公羊,推广 5 615 头牦牛种公牛。补贴对象为从事优质牦牛、改良黄牛、改良绵羊养殖的西藏农牧户,包括散养户和规模养殖企业(场)。补贴标准为:牦牛牛犊每头 60 元,改良黄牛(奶牛)每头 150 元,改良绵羊每只 30 元。种畜按实际成交价的 30%给予补贴,种牦牛需 2 周岁以上,最高限价种公牛每头 4 000 元以下、种母牛每头 3 000 元以下;种奶牛需 1.5 周岁以上,最高限价种公牛每头 3 000 元以下、种母牛每头 5 500 元以下;种羊需 1 周岁以上,最高限价种公羊每只 550 元以下、种母羊每只 350 元以下。"十二五"期间,西藏良种牲畜存栏量达到 390 万头(只),良种牲畜覆盖率为 22%。

7.2.3　种粮农民直接补贴和农资综合补贴

2005 年,西藏财政厅出台了《西藏自治区对种粮农民直接补贴实施办法》,

---

[1] 张尚华.西藏各地大力落实良种补贴政策[EB/OL].2017-01-04. http://www.tibet.cn/finance/news/148349258951.shtml.

并从2005年9月1日起,在全区范围内对种粮农民实施直接补贴政策。补贴品种包括青稞、小麦、水稻和玉米,以2005年核定的播种面积,补贴标准为15元/亩。2013年,种粮农民直接补贴标准提高到30元/亩。同时,放开粮食收购市场和粮食收购价格,但是保留青稞保护价收购政策。青稞最低收购价格由2006年的1.5元/千克提高到2015年的3.8元/千克。2007年,西藏对种粮农民使用化肥、农药、柴油等农资实行综合补贴,并由财政厅制定了具体的实施办法,补贴品种包括青稞、小麦、水稻和玉米,以2005年核定的播种面积,补贴标准为15元/亩。2013年,农资综合补贴标准提高到27.87元/亩。

此外,西藏还对化肥、农药等农业化学投入品实行价差费用补贴,解决农民购买这些农资的资金。2015年,化肥价差费用补贴额为1.24亿元。农药采购资金由自治区财政承担45%,市(地)财政承担25%,县财政和农民各承担15%。这些政策一方面调动了农民的种粮积极性,有利于保障西藏粮食安全;另一方面,使得农民过量使用化肥、农药等化学投入品,加剧了西藏的农业面源污染,危害西藏的生态环境和农业绿色发展。

7.2.4 农业机械购置补贴

为了调动农牧民购买和使用农机的积极性,保障农产品有效供给,2015年,西藏农牧厅、财政厅制定了《西藏自治区2015—2017年农业机械购置补贴实施办法》,补贴对象为直接从事农牧业生产的个人和经农机化主管部门备案后的农业生产经营组织,对同品种、同规格档次的不同厂家生产的农业机械,实行统一定额补贴,即同一品种、同一档次农业机械在全区实行统一的补贴额,对不同品种农业机械实行差别定额补贴。

2017年,西藏农牧厅、财政厅制定了《西藏自治区2017年农业机械购置补贴计划的通知》,规定2017年全区农业机械购置补贴资金为4 470万元,并详细规定了农机购置补贴范围为耕整地机械、种植施肥机械等9大类16小类39品目,以及这些机械的补贴金额。

7.2.5 能繁母猪补贴

2007年,西藏财政厅制定了《西藏自治区能繁母猪补贴资金管理实施细则

(暂行)》,2008年又对补贴标准进行了调整。补贴标准为:对全区能繁母猪饲养户(场),每头能繁母猪直接补贴100元。每头能繁母猪保险保费金额为60元,对重大病害、自然灾害和意外事故致使能繁母猪直接死亡的,每头保险金额为1 000元。其中,中央财政承担50%,地方财政承担30%(其中自治区财政承担20%,地市财政承担10%),养猪户承担20%。

7.2.6 农村薪柴替代工程沼气建设补贴

为了改善生态环境和农牧民的生活质量,西藏于2007年实施农村薪柴替代工程沼气项目建设实施方案,对农村沼气建设实行财政补贴。2009年再次对此标准做了调整。该补贴标准为:从2009年起,对沼气建设计划每户补贴4 200元。其中,中央财政补贴3 000元,自治区财政补助600元,自治区发改委补助400元,地市、县级财政各补助100元。到2010年,西藏60多万农牧民用上了沼气,为农牧民节约生活成本和增加收入约6亿元。"十二五"期间,大力推进农村沼气建设,安排中央投资3.35亿元,积极支持西藏建成一大批户用沼气、养殖沼气工程和沼气服务网点,推动农村节能减排,促进循环农业发展。

7.2.7 退耕还草饲料粮(陈化粮)折现补助

2004年西藏制定了有关退耕还草、禁牧舍饲粮食补助改补现金的新办法。该补助的标准为:(1)饲料粮(陈化粮)供应标准:禁牧每亩5.5斤,休牧每亩1.38斤。(2)粮食折现补助标准:禁牧每亩2.48元,休牧每亩0.62元。(3)供应年限为10年。(4)国家批准实施面积:2004年130万亩(禁牧60万亩,休牧70万亩),2005年800万亩(禁牧500万亩、休牧300万亩),2006年1 700万亩(禁牧850万亩,休牧850万亩)。

7.2.8 草原生态保护补助奖励政策

为了保护草原生态环境,2009年,西藏安多、措勤、仲巴、聂荣、班戈等5个县率先开展了草原生态保护奖励机制试点工作。2011年,在西藏、新疆、内蒙古等8个主要草原牧区实施草原生态保护补助奖励机制政策,2012年实施范围扩展到 13 个省区。"十二五"期间，中央财政每年安排 20.1 亿元支持西藏草原生态保护补助奖励政策实施，实施范围覆盖了全区 74 个县区，主要内容包括 4 个方面：实施禁牧面积 1.29 亿亩，每年每亩禁牧补助 6 元，全年禁牧补助共计 7.74 亿元；实施草畜平衡面积 7.65 亿亩，每年每亩奖励 1.5 元，草畜平衡奖励 11.47 亿元；对 106 万亩人工饲草地进行牧草良种补贴，每年每亩补贴 10 元，补贴资金 1 060 万元；对 15.2 万户纯牧户进行生产资料综合补贴，每年每户补贴 500 元，补贴资金 7 600 万元。此外，财政部、农业部（现为农业农村部）每年还会对西藏草奖工作进行绩效评价，"十二五"期间共为西藏拨付草奖绩效评价奖励资金 8.32 亿元。为了避免补贴过低影响牧民生产生活，禁牧补助和草畜平衡奖励资金的发放标准由 2014 年的 550 元/人提高到 2015 年的 1 100 元/人。"十二五"期间，西藏草奖资金达到 108.8 亿元，累计奖励补助禁牧草原 1.29 亿亩、草畜平衡区 7.64 亿亩。"十三五"期间，西藏草奖资金每年增加 8.72 亿元，达到 28.82 亿元，加上草奖绩效评价奖励资金，累计达到 150 亿元以上。

草奖政策的实施使得草原生态、畜牧业生产和牧民生活均发生了积极的变化：草场承包经营责任制快速开展，全区累计承保到户面积达 10.24 亿亩，分别占全区草原总面积和可利用草原面积的 76.8% 和 90.7%；草原生态环境得到改善，全区牲畜存栏 1 833 万头（只、匹），与 2010 年相比下降了 36.3%，鲜草产量 8 139.9 万吨，较 2010 年提高了 4.1%；农牧民收入持续稳定增长。"十二五"期间，全区农牧民年人均可支配收入的 10% 来自草原生态补奖政策，特别是大部分牧业县草奖资金占牧户可支配收入的 60% 以上[1]。

7.3 西藏农牧民对农业绿色发展的政策需求

农牧民是西藏农业绿色发展的主体，在农业绿色发展过程中产生的生产行为的改变会影响他们的利益，需要政府在政策上加以扶持和帮助。农牧民的政策需要主要包括技术需求、资金需求、市场需求等。

---

[1] 国务院新闻办公室.西藏举行草原生态保护补助奖励机制政策发布会[EB/OL].2017-01-03. http://www.scio.gov.cn/xwfbh/gssxwfbh/xwfbh/xizang/document/1538482/1538482.htm.

7.3.1 技术需求

农业绿色发展需要农牧民改变传统种植或养殖行为和技术，采用节水、节肥、节药和废弃物资源化利用的农业绿色发展技术来进行农牧业生产。由于西藏农牧民的文化水平和生产技能偏低，对农业绿色发展技术的认识和接受能力有限，急需对农业绿色发展适用技术进行宣传和培训。农牧、财政、科技等相关部门首先筛选出一批适用于西藏农牧业发展要求的农业绿色发展技术（如农作物和牲畜良种、测土配方施肥、绿肥种植、秸秆还田等）进行研发、试验和示范推广，然后分阶段、分主体进行农业绿色发展技术培训工作，如建立专门的农业绿色发展示范区，在示范区中对适用技术进行示范推广，然后再将其逐渐推广到全区，又或者首先对龙头企业或家庭农场、种养大户、合作社等新型农业生产主体开展相关技术培训，再将培训范围扩展到各个农牧民。考虑到农牧民的支付能力以及农业绿色发展的公共服务特征，对农牧民的技术培训应该免费进行，由财政部门承担相应培训费用，而且培训内容要以实用技术为主，这些技术具有容易采用、成本较低等特征，让农业绿色发展技术真正入脑入心入行。

7.3.2 资金需求

西藏农牧民可支配收入仍低于全国平均水平，其支付能力有限，在农业生产中需要购买种子、种畜、化肥、农药、农膜等生产资料。农业绿色发展对这些生产资料有更高的要求，绿色生产资料的价格更高，农牧民的资金需求更大。尽管政府已经通过良种补贴、农资综合补贴、农业机械购置补贴等政策承担了农牧民在农业生产中的部分成本，但是补贴标准没有考虑农业绿色发展的更高成本和物价上涨等因素，已经无法满足农牧民在农业绿色发展中的资金需求，使得农牧民的生产成本增加，从事农业绿色发展的积极性和主动性不够。此外，现有政策中对化肥、农药等化学投入品的补贴与农业绿色发展的要求相违背，需要调整相关政策。农业绿色发展对农田水利、交通设施等农业基础设施的要求更高，这些都依赖大量的资金投入。因此，一要根据农业绿色发展的要求，取消对传统化肥、农药等化学投入品的补贴、补助，减少农牧民的化肥、农药使用量；二要建立专门支持农业绿色发展的基金，用于相关农业基础设施的建设和技术的研发、推广和应用,创设对采用农业绿色发展技术的补贴、补助政策,降低农牧民的生产成本,提高农牧民参与农业绿色发展的热情;三要建立农业绿色发展补贴、补助标准动态变动机制,让补贴、补助标准随着物价指数、总生产成本的变动而变化。

7.3.3 市场需求

农业绿色发展离不开市场,农牧民参与农业绿色发展最关心的是农产品销售和价格问题,这与农牧民的收入直接相关。随着绿色产品、有机产品和无公害产品的市场需求越来越大,农牧民对西藏高原特色绿色农产品的市场稳定性和价格稳定性关注度逐渐增加。第一,要努力提升西藏特色农产品的影响力和知名度,借助于农产品展销会、推介会等活动以及网络、报纸、电视等媒体,多渠道、全方面宣传和推介西藏特色绿色农产品,让更多的消费者了解到西藏品牌;第二,减免西藏绿色有机食品认证费和标志使用费,简化无公害农产品和地理标志产品认证程序,加快西藏"一村一品"示范村镇建设进程,建设专门的绿色有机食品标准化基地;第三,选择西藏农业产业化重点龙头企业,在人才、资金、技术等方面给予支持,通过标准化生产、企业经营和市场营销,让龙头企业在农业绿色发展中起到模范带头作用,带动更多的农牧民脱贫致富。同时,通过交通、物流的发展,让西藏的特色农产品以更低的成本、更短的时间到达区内外的市场,提高市场竞争力。

8 西藏农业绿色发展的路径优化分析

西藏是以畜牧业为主的典型高原农业区域,农业生产地域性明显,由西北向东南,畜牧业逐渐减少而种植业逐渐增加。其中,那曲市、阿里地区以草原畜牧业为主,而种植业主要集中在"一江两河"流域的拉萨市、山南市、日喀则市以及昌都市、林芝市的少部分区域。西藏农业主要以适应高寒环境的农牧产品为主,如牦牛、藏山羊等牲畜,青稞、小麦、马铃薯和油菜等植物。仅有南部河谷地区有黄牛、猪的饲养和玉米、水稻的种植。

21世纪以来,在国家一系列强农惠农和农业援藏政策的支持下,西藏农牧业快速发展,农畜产品产量稳步增加,农牧民收入持续增长,为全区经济持续稳定发展提供了强有力的支撑。2016年,西藏农业总产值达到162.5亿元,占地区生产总值的9.2%,是2000年的3.2倍;粮食总产量达到102.4万吨,创历史新高,蔬菜70.7万吨,肉类29.1万吨,分别是2000年的1.1倍、4.1倍和1.9倍;农村居民人均可支配收入达到9 094元,连续14年保持两位数增长,是2000年的6.9倍。然而,随着西藏农牧业快速发展和农牧民生活水平的普遍提高,西藏农业面源污染问题日益严重,主要表现为化肥、农药等农业化学投入品的过量使用,农作物秸秆、畜禽粪便、农膜等农业废弃物的排放以及农牧民生活垃圾排放3个方面。以化肥为例,西藏化肥施用量不断增加,由2000年的2.5万吨增加到2016年的5.9万吨,年均增长率为5.5%,单位面积化肥施用量由2000年的108千克/公顷增加到2016年的248千克/公顷,年均增长5.3%,已经超出国际上公认的为防止水体污染所设置的225千克/公顷的安全上限值(图8-1)。

作为国家重要的生态安全屏障,西藏地理位置特殊、生态环境脆弱,全国五分之一的水来自青藏高原,其生态环境功能地位举足轻重。西藏农业面源污染不仅影响全区农业生产安全、农产品质量安全和生态环境安全,还会危害全国

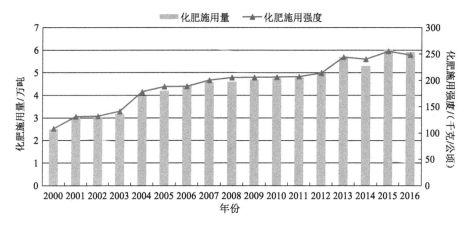

图 8-1 2000—2016 年西藏化肥施用量及其强度

生态环境,威胁全国农业可持续发展和生态文明建设。因此,西藏急需转变农业发展路径,将现有高污染的农业增长模式转变成资源与环境友好的农业绿色发展模式,这对于西藏农业面源污染治理和生态环境改善,实现农业可持续发展具有重要意义。

8.1 农业绿色发展路径优化基本原则

8.1.1 因地制宜,突出特色

根据西藏特殊的自然条件、特色的农业资源和现有社会经济等状况,考虑技术、资金、市场等要素以及农牧民的承受能力,立足西藏农业绿色发展的优势和劣势、机遇和风险等因素,以市场需求为导向,推进标准化、规模化和专业化生产,打造一批具有藏区特色的绿色农产品品牌,提升特色农产品品牌的知名度、美誉度,形成一批规模较大并有一定影响力的高原特色农业生产基地,提高农牧业综合效益。

8.1.2 科学发展,生态优先

坚持将农业绿色发展与生态安全屏障建设结合起来,以西藏农牧业区划为依据,科学规划生产建设布局,发展与保护并重。合理利用资源,控制草原载畜量,改善生产方式,大力推广生态环境友好的生产技术,坚持经济效益、社会效益和生态效益的统一,促进西藏农牧业协调可持续发展。

8.1.3 产业带动,强农富民

用现代农业理念推动西藏农业绿色发展,大力培育龙头企业、专业合作组织、种养大户和家庭农场,形成带动特色农牧业发展的强大动力,做大、做强优势产业。建立、健全龙头企业、专业合作组织与农牧民之间紧密的利益连接机制,形成发展的共同体,确保企业健康发展,农牧民增收获益。坚持农业绿色发展服务于农牧民增收、粮食保障等,使西藏成为重要的国家安全屏障、重要的生态安全屏障、重要的高原特色农产品基地、重要的战略资源储备基地。

8.1.4 政策扶持,自力更生

西藏农业绿色发展离不开相关政策支持,制定有利于农业绿色发展的政策,特别是针对农牧民的补贴、补助政策,安排针对性强的重大农牧业建设项目,增强对农业绿色发展的技术和资金支持力度,增强输血能力。切实发挥政策的引导、调控作用,统筹利用财政资金、中央援藏项目、驻村工作组等各类资源,激励农牧民从事农业绿色发展,提高西藏农牧业生产效率和质量水平,实现农牧业提质增效。

8.2 农业绿色发展路径优化基本思路

8.2.1 突出高原优势,促进壮大特色产业

立足于西藏独特的农业自然环境和气候条件,以西藏高原特色绿色农牧产品为市场导向,重点开发牦牛肉、藏香猪、藏鸡、野生菌类、冬虫夏草、藏药材等具有高原特色的绿色、有机、无公害农产品。创建一批规模化的高原特色绿色农产品生产基地,创立一批具有藏区特色的绿色农产品品牌,形成一批具有市场竞争力的绿色农产品龙头企业,培养一批种养大户、家庭农场等农业新型经

营主体,逐步形成"生产基地＋龙头企业＋农户""龙头企业＋农合组织＋农户""订单农业"等农业绿色产业链模式,壮大特色产业集群,延长农业产业链条,建设现代农业产业园区。提高高原特色农产品的加工增值能力、运储保鲜能力和市场开拓能力,促进一二三产业融合发展,帮助当地农牧民从事相关职业和增加可支配收入。充分挖掘西藏各地的自然、人文及少数民族特色文化优势,发挥农业多功能作用,大力发展休闲观光农业,将农牧区变成景区和园区,吸引内地游客来休闲避暑度假,带动农牧民脱贫致富。

8.2.2 突出生态保护,促进农业绿色发展

立足于西藏生态环境的脆弱性和敏感性,及其作为国家生态安全屏障的战略地位,遵循保护性开发的原则,坚持走清洁生产和循环经济的产业发展道路,在农业生产全过程使用绿色发展技术,减少化肥、农药等农业化学投入品的使用量,提高畜禽粪便、农作物秸秆等农业废弃物的资源化率,降低农业生产对生态环境的污染和破坏。基于全区自然资源、地理区位、生态环境等基础条件,以市场和消费需求为导向,充分挖掘地理区位、生态环境、文化特色优势,本着发挥其已有生态环境优势的思路,将发展高原特色绿色有机农业确定为农业绿色发展的战略方向,使青山绿水成为农民脱贫致富的新支点、农业农村可持续发展的新动能。同时,积极开展农业生态环境治理和修复工作,推进退牧还草、秸秆综合利用、人工种草与天然草地改良、农业生物资源保护等生态安全屏障保护与建设工作,建立健全农业绿色发展生态补偿机制,切实保护和改善西藏的农业生态环境,实现西藏农牧业可持续发展。

8.2.3 突出科技支撑,促进完善农业绿色补贴政策体系

推进西藏农业绿色发展离不开科技支撑。一方面,依托良种和良法的突破,重点研究和推广适应西藏农业发展特色的农业绿色发展技术(如节水、节肥、节药技术),强化农产品运输、储运、保鲜、加工等方面的科技服务,为农业绿色发展的全过程提供科技支撑,提高特色农产品的附加值,促进特色产业提质增效。另一方面,结合西藏农业绿色发展的需要,建立一批实用科技攻关和推

广应用项目,并面向农牧民开展多种形式的知识和技能培训,加快相关科技成果的转化、普及和推广,增强农牧民的绿色发展意识以及吸纳、运用新技术的能力,使广大农牧民成为有文化、懂技术、善经营的农业绿色发展主体。同时,西藏要构建统筹协调的农业绿色发展机制,加快推进以绿色生态为导向的农业补贴政策体系构建,充分调动地方政府、企业、农民和其他社会力量推进农业绿色发展的积极性。利用中央财政绿色发展基金,设立农业绿色发展子基金,引导金融资本、社会资本投向农业资源节约、废弃物资源化利用、生态保护等领域。此外,还多渠道整合涉农项目财政资金,创新金融信贷支农机制,结合产业发展实际,将种粮农民直接补贴、农资综合补贴和农作物良种补贴合并为"农业支持保护补贴"。争取将畜禽粪污资源化利用、有机肥生产使用、秸秆加工、地膜回收等纳入农业用电、农业用水、设施农用地管理范畴,对支持农业绿色发展的农机具实行敞开补贴。

8.2.4 突出改革创新,促进增强农村发展活力

要实现西藏农业绿色发展,国家应加大政策资金支持力度,整合现有农业补贴政策,考虑到农牧民收入低、贡献大、承受能力差的现实,建立以正面激励手段为主、以绿色生态为导向的农业补贴制度,落实粮食直补、良种补贴和农机补贴等强农惠农政策,特别是进一步加大青稞、牦牛、马铃薯等特殊补贴政策的补贴力度,建立草原生态补助奖励机制,支持耕地和草场使用权合理流转,探索有利于农牧民增收和农牧区生产力发展的组织形式,以曲水县等国家现代农业示范区和农村改革试验区建设为契机,打造西藏农业绿色发展样板,努力提高全区农牧业综合生产水平,改善农牧民生产生活条件。

8.3 农业绿色发展路径选择分析

8.3.1 农业绿色发展食物链能量闭环流动路径

农业绿色发展食物链能量闭环流动路径以一条食物链为主轴,对其涉及的农牧产品及其产生的废弃物进行再利用,实现"资源—产品—废弃物—资源"不

断循环,其发展理念是"废弃物是错误配置的资源"。西藏很多区域仍实行种养结合的农业模式,具备农业绿色发展食物链能量闭环流动的基本条件。例如,位于林芝市的米林农场依托耕地、果园形成了粮食生产、畜禽养殖、酿酒与果品加工相协调与依存的循环经济模式。粮食生产为畜禽养殖提供饲料,还能提供酿酒原料;酿酒产生的酒糟作为饲料返送畜禽养殖;畜禽养殖产生的畜禽粪便又为粮食和果蔬生产提供有机肥。各生产环节的废弃物实现综合利用,实现了食物链能量闭环流动,既降低了生产成本,又减少了环境污染。米林农场的食物链能量闭环流动过程见图8-2。西藏的诸多农场及农牧业企业均可以借鉴米林农场的食物链能量闭环流动模式,走农业绿色发展之路。

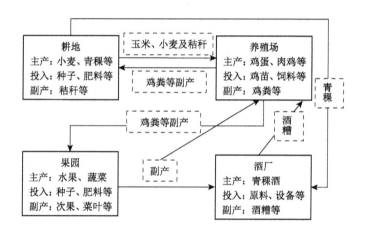

图 8-2 米林农场农业绿色发展食物链能量闭环流动图

8.3.2 农业绿色发展生态价值延伸路径

农业绿色发展生态价值延伸路径是指农业生产过程充分与第二产业相结合,使得农产品生产具有旅游价值和地方性文化价值。这种路径在西藏具有极强的可操作性和推广价值。建设农业绿色发展生态价值延伸路径需要结合当地特色产业或是特有地形,进行合理的空间、时间分配,设计出顺应自然环境、符合人们多样需求的农业经营路径。旅游业作为西藏的支柱产业,"旅游+农牧业"在西藏大有可为,可以通过旅游开发和运营,提升农户和企业的经济效益,实现传统农牧业向现代绿色农牧业转变。例如,立足青稞等高原特色粮食种植业，发展更高经济附加值的食品精深加工产业，包括糌粑、青稞饼干、青稞酸奶、青稞酒、青稞奶茶等，增设手工作坊、本地酒坊等设施，提供诸如酥油花制作体验、青稞酒酿制等活动，吸引游客来体验。围绕牦牛、藏香猪等动物，立足原产地直供、直送的优势，开发牦牛奶等奶制品，拓展果冻、奶冻等流行食品，设计卡通化的周边衍生品，同时在牧场划定游人专区，建造亲子乐园、圈舍等配套设施。例如，林芝市米林县诸多水果大棚提供草莓、苹果、樱桃等水果的采摘，极大地提高了收入；拉萨市周边形成了岗德林农业合作社等众多蔬菜基地，很多发展成为休闲旅游地，成为周边居民休闲娱乐的重要去处(图8-3)。

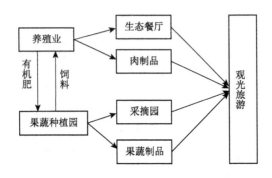

图8-3 农业绿色发展生态价值延伸路径图

8.3.3 农业绿色发展产业链专业化路径

农业绿色发展产业链专业化是指农业生产不仅具有原有的区域特色主导产业、优势农业资源，还拥有先进的管理理念和雄厚的资金支撑，科学有效的分配资源，形成产业多样化、产学研紧密化的产业链，实现了农业资源的充分合理利用。其核心是使得废弃物内部化，形成农业绿色发展路径。目前，典型案例是龙头企业为主要带动者，实现农业产业链专业化。例如，日喀则市白朗县是西藏商品粮油基地县和"两高一优"农业示范县，主要农作物有青稞、冬小麦、马铃薯、油菜籽等，主要牲畜有牦牛、黄牛、绵羊、猪等。依托于白朗县国家级农业科技示范园在蔬菜良种引进示范、种苗供应、大棚种植管理等相关技术方面的指导，白朗县蔬菜生产基地迅速发展，蔬菜生产成为白朗县农牧业中的第一大特色产业。白朗县蔬菜生产基地运行见图8-4。

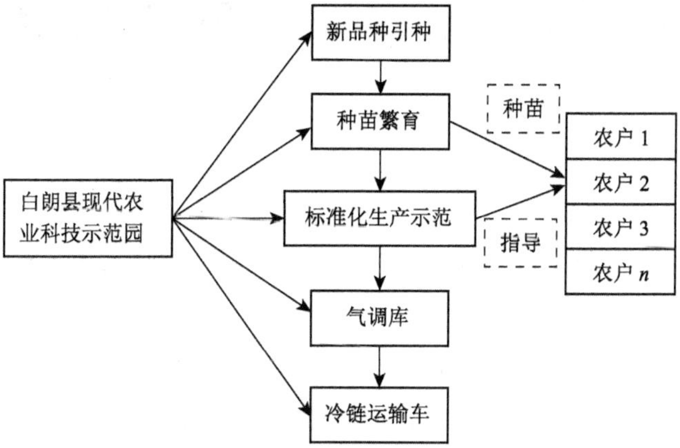

图8-4 白朗县蔬菜生产基地运行图

8.3.4 农业绿色发展产业合作路径

农业绿色发展产业合作路径是指以农业资源的充分利用为出发点,不同组织利用各自现存的优势要素进行任务分配、优势互补、相互制约而形成的农业绿色发展路径。其核心是通过组织创新、传统农业产业升级,形成内部资源共享、整合的高效经济体系。西藏农业绿色发展应当发展以家庭农场、种粮大户为基础,龙头企业带动,政府参与的种养产业联合体。具体是在当地家庭农场和种粮大户的基础上,在绿色农业发展为核心的理念下引入强大的技术、雄厚的资金、科学的管理方法,把传统分散的农户作业整合成农业体系,体系内部各个产业形成相互关联的有机整体,实现农业绿色发展。要突出龙头企业与农户之间的合作互利关系,并通过"公司+基地+农户""公司+农合公司+农户""订单农业"等模式,逐步壮大各具特色的优势绿色农业集群。

9 西藏农业绿色发展的政策设计

西藏农业绿色发展之路任重道远,优势与劣势并存,机遇与威胁共生,要立足西藏自然地理资源条件、经济社会发展的阶段性特征和欠发达少数民族地区等特征,紧扣区情,尊重民意,强化政策扶持、科技支撑和主体培育,将劣势转化为优势,将威胁转化为机遇。探索西藏高原特色现代农牧业绿色发展道路,要按照"保护开发,综合治理,建管并重"的原则,创设相应的扶持政策,强化对西藏农业绿色发展所需的资金、技术、市场、人才培养等方面的支持力度,最大限度地改变西藏农业的弱质产业发展现状,使西藏农业与正在加速成长的第二、第三产业形成合理的协调发展结构。

9.1 财政投入支持方面的政策创设

9.1.1 加大财政投入力度,构建以绿色生态为导向的农业补贴政策体系

农业的产业特征决定了财政资金投入的主体性地位。西藏农业绿色发展过程中,要积极争取中央财政资金、对口援藏资金、地方预算内资金投入,争取银行政策性资金,吸纳和引导区内区外社会资金面,形成以政府财政扶持资金投入为核心的多元化投资体系。西藏要构建统筹协调的农业绿色发展机制,加快推进以绿色生态为导向的农业补贴政策体系构建,充分调动地方政府、企业、农民和其他社会力量推进农业绿色发展的积极性。利用中央财政绿色发展基金,设立农业绿色发展子基金,引导金融资本、社会资本投向农业资源节约、废弃物资源化利用、生态保护等领域。积极争取金融产业对农业部门的贷款授信额度,放宽对西藏农业绿色发展相关企业和农牧民的贷款标准,重点解决小微

企业和农村种养业专业户"贷款难"问题。政府投入资金应当依托有关项目,应重点集中在名优特绿色农产品生产、农业绿色发展技术推广、农田水利等基础设施建设、农牧民技能培训等方面,引导社会资金投向集约化养殖业、农产品加工等方面。

9.1.2 根据西藏农牧业特点,扩大生产性资金扶持的范围

西藏地处西南边陲,由于历史原因和自然条件的制约,农业发展相较其他省区市仍比较滞后,尤其是广大农牧民的相对贫困现象普遍,具有整体贫困的特征。建议西藏整体性享受国家扶贫工作重点县同等扶持政策,扶贫开发工作的重点放在加强对农业绿色发展和农牧民脱贫的投入。西藏农牧业生产环境特殊、条件恶劣,开发成本和艰巨程度明显高于内地,要积极调动广大农牧民的生产活动向农业绿色发展转变,必须在生产的激励政策方面有力度更大的引导性政策。国家相关部门应当对西藏农牧民维持生活与增加收入效应显著的农牧产品实行特殊生产性财政补贴政策。对农牧民增收和稳收起重要作用的蔬菜、食用菌、水果、藏药材等特色食物也实行种子、种苗补贴政策,对牦牛、藏系羊等青藏高原特有的独特畜种给予更高标准的良种补贴。将部分藏族群众的主要口粮之一马铃薯也纳入国家良种补贴,以提高西藏基本口粮的自给率。考虑到西藏农机使用的特殊性,进一步提高农机购置的补贴标准,以及实行农业生产资料的运费补贴和农机维修服务补贴等政策。此外,对积极参与农业绿色发展和采用农业绿色发展技术的农牧民除了统一的生产性补助外,还从转变生产项目的机会成本出发,对其中的贫困户实行"转产风险"生活补助的特殊政策,以激励农牧民参与农业绿色发展,转变现有高投入、高污染的农业生产方式,实行由"输血"向"造血"转变的良性循环。

9.1.3 加强对农业绿色发展资金投入的统筹协调,提高综合效益

西藏农业绿色发展是农村经济实现跨越式发展的基本途径,但农业绿色发展需要整个农村经济社会发展的整体推进来支撑。在我国现行的行政管理体制下,资金管理处于分割状态,协调性不高。建议在地方政府的协调和统筹下,合理协调与利用各部门支持农村发展的资金,如林业、国土、水利、交通、卫生、

科技、环保、扶贫等部门的项目经费和行政管理经费,集中对农业绿色发展的基础设施建设、技术推广等方面进行扶持,以形成投资的合力,提高投资的综合效益,产生经济、环境和社会等多方面的综合效益,率先在农业绿色发展示范区形成以现代农业为支撑的新农村。还可通过多渠道整合涉农项目财政资金,创新金融信贷支农机制,结合产业发展实际,将种粮农民直接补贴、农资综合补贴和农作物良种补贴合并为"农业支持保护补贴"。争取将畜禽粪污资源化利用、有机肥生产使用、秸秆加工、地膜回收等纳入农业用电、农业用水、设施农用地管理范畴,对支持农业绿色发展的农机具实行敞开补贴。

9.2 科技支撑体系方面的政策创设

9.2.1 强化绿色发展技术科技支撑,不断提高农牧业生产的科技含量

推进西藏农业绿色发展离不开科技支撑。要加强西藏农业绿色发展的科技进步方面的工作,原则上要依托良种和良法的突破,而不是传统农业的简单组合和统筹。在确定主导新型品种的基础上,研究和推广农业绿色发展综合配套技术,以及提高农业绿色发展的管理水平。结合西藏农业绿色发展的需要,建立一批实用科技攻关和推广应用项目,重点研究和推广适应西藏农业发展特色的农业绿色发展技术(如节水节肥节药技术),强化农产品运输、储运、保鲜、加工等方面的科技服务,为农业绿色发展的全过程提供科技支撑,提高特色农产品的附加值,促进特色产业提质增效。促进农业科技推广组织的多元化,为农业绿色发展提供全面的技术支持。建议对县一级农技站等单位实行按年度拨付基本技术推广试验经费制度,即自治区和地市财政将相对固定的农业绿色发展实用技术推广研究经费纳入财政支出预算,提高各地进行农业绿色发展实用技术研发和推广的积极性和主动性。

9.2.2 加强对农牧民的培训,提高农牧民的技能水平

农牧民作为西藏农业绿色发展的重要主体,应该面向农牧民开展多渠道、

多层次、多形式的农业绿色发展相关知识和技能培训,加快农业绿色发展科技、市场营销、组织管理和政策法规等知识的转化、普及和推广,增强农牧民的绿色发展意识以及吸纳、运用新技术的能力,使广大农牧民成为有文化、懂技术、善经营的农业绿色发展主体。建立新型的地方高校和研究机构与农牧部门之间的相互支持和协作机制,加快高校和研究机构科技成果的转化、普及和推广,以及发挥其在推进西藏农业绿色发展中的先导和示范作用。

9.2.3 支持农牧业企业进行绿色发展技术创新,发挥其示范作用

在自治区政府扶持农牧业发展的优惠政策激励下,诸多区内外的农牧业企业都不同程度地参与到农业绿色发展中来。应当按照国家对农牧业企业进行绿色发展技术创新的扶持政策,对企业参与节水、节肥、节药等农业绿色发展技术的引进、改造等活动予以充分支持。对一些农牧产品的地域性实用技术的突破,也应给予一定的技术创新补贴与奖励,从而发挥这些企业在农业绿色发展中的示范和带动作用。此外,在农业绿色发展的过程中,政府要加快相关技术和市场化经营模式的推广,必须建有一支较高素质的技术队伍,以带动广大农牧民和其他经济组织推进农业绿色发展。因此,自治区农牧厅等部门应该筛选出一批农业绿色技术推广的重点企业,通过政府补贴、项目立项等方式,专门从事与其优势农牧产品相适应的农业绿色发展技术的引进、试验、培养和推广工作,带动更多农牧民走上农业绿色发展之旅。

9.3 市场体系建设方面的政策创设

9.3.1 培育和引进农牧业龙头企业,发展西藏特色绿色农牧产品加工业

要积极培育和发展一批经济实力和带动能力强的龙头企业,鼓励和支持龙头企业发挥在区位、资金、技术、信息等方面的优势,依托农产品基地的辐射来带动周边农户和中小企业。要根据农业绿色发展的需要制定重点龙头企业的标准与落实扶持政策,充分利用对口支援的政策与机制,引进对口支援省区市

的大型农业企业来西藏投资和推进西藏农业绿色发展。要突出龙头企业与农户之间的合作互利关系,并通过"公司+基地+农户""公司+农合公司+农户""订单农业"等模式,逐步壮大各具特色的优势绿色农业集群。以西藏旅游特色消费和西藏高原天然有机、绿色、无公害产品为市场导向,通过发展特色农产品保鲜、包装、加工,提高特色农产品加工率,延长产业链,使产品充分增值;努力创立优质品牌、绿色品牌,建立加工、销售与特色农牧产品生产的链接机制,提高特色农牧产品的质量档次和经济效益。按照运输条件发展高附加值的特色轻载产品的生产和加工,逐步将西藏绿色农产品和加工品打入内地和国际市场。

9.3.2 加强绿色农牧产品的品牌宣传和管理,做大做强特色品牌

以品牌拓市场,抓品牌促规模,组织企业等经济主体参加展销会、博览会等,宣传西藏特色绿色农牧产品,提高产品知名度,着力打造西藏特色的绿色农牧业品牌产品,做大做强特色农牧产品品牌。鼓励和支持建立稳定、互利的多种农户与企业之间的协作关系,推广订单农业模式,支持加工企业扶持原料基地,稳定加工企业的原料供应。改变传统的农牧产品销售方式,通过建立集中产区和核心区的优势农牧产品批发市场和区域性销售物流中心以及农牧产品商贸公司、专业合作社、经纪人、营销专业户队伍等组织机构,开拓多层次的优势农牧产品销售市场。建立优势特色农牧产品的质量检测体系,提供规范的无公害食品、绿色食品、有机食品的生产技术和产品质量标准。

9.3.3 加大绿色农牧产品市场设施建设力度,建立权威的农牧产品信息网络

绿色农牧产品只有通过市场交换才能实现,但西藏地区市场体系不发达,绝大多数县没有农产品交易市场,严重制约了农业绿色发展。为了提高西藏绿色农牧产品的商品化率,建议在绿色农牧产品优势区域和商品量较大的重点县区规划和建设绿色农牧产品交易市场,为绿色农牧产品提供集中展示和交易的平台。配套购进信息、检测、监控等设备,做好绿色农牧产品交易质量检测、市场交易信息采集发布。针对农牧产品流通的薄弱环节,努力做好与市场交易、

检验检测和产销市场信息服务有关的基础设施建设。积极支持产业化经营组织和企业对优势农牧产品实施连锁、配送和超市等现代流通方式。积极支持和组建大宗优势农产品配送、长途运输的物流公司。鼓励和组织各类优势农牧产品品牌参加国内外的展销会和优质产品评选活动,扩大宣传范围。充分利用"互联网+"开展绿色农牧产品的营销活动,实现联网运行。此外,还要建立优势绿色农牧产品产业带发展的检测体系,及时发布相关信息,及时准确地为农牧民和农牧业企业提供各种信息,引导其按照市场动态变化进行品种结构、生产规模等方面的调整,以获得较高的经济效益,提高农牧民和农牧业企业进行农业绿色生产的积极性。

9.4 人才培育和引进方面的政策创设

9.4.1 提高农牧业人才的工资福利待遇,确保人才的稳定和引进

西藏农业绿色发展的成效取决于农牧业人才因素。西藏农牧民文化水平偏低,极不适应农业绿色发展的要求,而西藏农牧业管理和技术推广人员流失严重,基层机构缺失,人员整体素质相对下降,人才匮乏严重。建议实施西藏农业绿色发展重点地区农牧民素质提高工程,结合绿色农牧产品生产需要,进一步加大农牧民的培训力度。在全面提高农牧业专业人才工资福利待遇的基础上,进一步制定、出台针对高寒艰苦地区农牧业工作人员野外作业的特殊补贴政策,以确保农业绿色发展需要的农牧业建设人才的稳定和引进,提高人才的稳定性。为稳定农业技术人才队伍,应大幅度提高乡村农业技术人员的工作补贴标准,适当提高待遇,确保能够留住和引进农业绿色发展需要的人才。特别要确保基层农机推广机构有一定的经费用于改善农技推广条件和开展技术推广工作。鼓励农业龙头企业、农业科技企业、农民专业合作社、民营科技组织、基层供销社等社会力量积极参与公益性和经营性的农技推广活动。

9.4.2 巩固和完善"9+3"农牧业职业教育全免学费和生活住宿全额补贴制度

"9+3"职业教育全免学费制度是指学生在完成九年义务教育后,国家为培

养第一线劳动者的职业技能,对接受中等职业教育的学生免除学费。我国在2005年开始实行中等职业学校的学生学费补贴的政策。根据国务院2012年的决定,由中央财政专项资金解决自治区的农牧业中等职业教育学生的学费和住宿费支付问题,同时对有关专业的中等职业学校学生和大学生实行生活困难补助政策。通过培养与农业绿色发展相关的初中级技能人才,为西藏高原农业绿色发展提供人才保障。此外,还应继续在全区实行农牧民子女学前教育及九年义务教育的"三包"政策,并根据情况变化逐步提高补助标准,全面实行高中阶段教育免费制度,有利于提高全区的劳动人员综合素质和技能,增强环境保护和资源节约的意识,使其成为农业绿色发展的储备人才。

9.5 政府公共服务强化方面的政策创设

9.5.1 加强农业绿色发展规划实施管理和政策执行的连续性

农牧业是西藏经济社会发展的基础,是农牧民赖以生存和发展的生计产业和基础商业。加快西藏农业绿色发展不仅是一个经济问题,还是关系民族地区稳定与和谐的政治问题和农牧民就业以及脱贫致富的社会问题。西藏应在贯彻、实施《关于创新体制机制推进农业绿色发展的意见》等相关文件的基础上,制定符合西藏农牧业特色的农业绿色发展规划和政策,进一步打破行政管理的界线,通过多种方式协调不同地市之间的共同性行动,使各地市之间形成良性互动和优势互补关系。要充分利用财政、技术支持等手段,促进优势特色绿色农牧产品的布局向最佳适宜区集中,进一步调整农业结构,优化生产布局。通过建立绿色农业示范区和推广示范项目的方式,带动和辐射核心区外的地区发展绿色农牧产品生产,形成相对集中布局的产业带和集中产区。要注意防止政府领导变动对经济决策的调整产生负面影响,注意保持农业绿色发展的规划及相关政策的连续性和相对稳定性。

9.5.2 建立和完善相关部门、地区和企业对口帮扶的工作机制

西藏各级政府要建立分工负责、各司其职的农业绿色发展的组织领导机

构,整合相关项目,统一组织实施,集中精力,真抓实干,确保农业绿色发展相关政策的实施。要协调涉及优势特色绿色农业的有关部门,以农业农村部门为主开展相关工作。改革、国土、城乡建设、水利、交通、生态环境、林业、财政等部门应积极配合。各级政府应加强组织协调工作,定期和不定期举行由各部门参加的联席会议,及时解决面临的问题。有关机关和事业单位要通过对口帮扶的形式对优势特色农产品生产、销售中出现的问题及时加以解决。在各级政府的统一部署下,将有关部门的退耕还林、农田水利等工程有机结合,通过对土地、水利、乡村道路等与绿色农业相关的基础设施配套性建设,进一步提高西藏绿色农业综合生产能力。

附 录

近年来中共中央、全国人大常委会、国务院出台的重要的农业绿色发展法律法规

法规名称	发布时间	发布部门	相关内容
《关于创新体制机制推进农业绿色发展的意见》	2017年	中共中央办公厅、国务院办公厅	把农业绿色发展摆在生态文明建设全局的突出位置,全面建立以绿色生态为导向的制度体系,基本形成与资源环境承载力相匹配、与生产生活生态相协调的农业发展格局,努力实现耕地数量不减少、耕地质量不降低、地下水不超采,化肥、农药使用量零增长,秸秆、畜禽粪污、农膜全利用,实现农业可持续发展、农民生活更加富裕、乡村更加美丽宜居。 资源利用更加节约高效。到2020年,严守18.65亿亩耕地红线,全国耕地质量平均比2015年提高0.5个等级,农田灌溉水有效利用系数提高到0.55以上。到2030年,全国耕地质量水平和农业用水效率进一步提高。 产地环境更加清洁。到2020年,主要农作物化肥、农药使用量实现零增长,化肥、农药利用率达到40%;秸秆综合利用率达到85%,养殖废弃物综合利用率达到75%,农膜回收率达到80%。到2030年,化肥、农药利用率进一步提升,农业废弃物全面实现资源化利用。 生态系统更加稳定。到2020年,全国森林覆盖率达到23%以上,湿地面积不低于8亿亩,基本农田林网控制率达到95%,草原综合植被盖度达到56%。到2030年,田园、草原、森林、湿地、水域生态系统进一步改善。 绿色供给能力明显提升。到2020年,全国粮食(谷物)综合生产能力稳定在5.5亿吨以上,农产品质量安全水平和品牌农产品占比明显提升,休闲农业和乡村旅游加快发展。到2030年,农产品供给更加优质安全,农业生态服务能力进一步提高

(续表)

法规名称	发布时间	发布部门	相关内容
《农药管理条例》	2017年	国务院	农药管理:国务院农业主管部门负责全国的农药监督管理工作。农药登记:国家实行农药登记制度。农药生产:国家实行农药生产许可制度。农药经营:国家实行农药经营许可制度,但经营卫生用农药的除外。农药使用:县级以上人民政府农业主管部门应当加强农药使用指导、服务工作。国家通过推广生物防治、物理防治、先进施药器械等措施,逐步减少农药使用量
《中华人民共和国环境影响评价法》	2016年修订	全国人民代表大会常务委员会	国务院有关部门、设区的市级以上地方人民政府及其有关部门,对其组织编制的工业、农业、畜牧业、林业、能源、水利、交通、城市建设、旅游、自然资源开发的有关专项规划(以下简称专项规划),应当在该专项规划草案上报审批前,组织进行环境影响评价,并向审批该专项规划的机关提出环境影响报告书
《中华人民共和国水法》	2016年修订	全国人民代表大会常务委员会	地方各级人民政府应当加强对灌溉、排涝、水土保持工作的领导,促进农业生产发展;在容易发生盐碱化和渍害的地区,应当采取措施,控制和降低地下水的水位。农村集体经济组织或者其成员依法在本集体经济组织所有的集体土地或者承包土地上投资兴建水工程设施的,按照谁投资建设谁管理和谁受益的原则,对水工程设施及其蓄水进行管理和合理使用。农村集体经济组织修建水库应当经县级以上地方人民政府水行政主管部门批准。各级人民政府应当推行节水灌溉方式和节水技术,对农业蓄水、输水工程采取必要的防渗漏措施,提高农业用水效率
《农田水利条例》	2016年	国务院	各级水行政主管部门应当编制农田水利规划;开展农田水利建设和管理,必须以经批准的农田水利规划为依据;县级以上人民政府水行政主管部门和其他有关部门按照职责分工负责实施农田水利规划。 国家鼓励推广应用喷灌、微灌、管道输水灌溉、渠道防渗输水灌溉等节水灌溉技术,以及先进的农机、农艺和生物技术等,提高灌溉用水效率

(续表)

法规名称	发布时间	发布部门	相关内容
《土壤污染防治行动计划》	2016年	国务院	合理使用化肥农药。鼓励农民增施有机肥,减少化肥使用量。加强废弃农膜回收利用。严厉打击违法生产和销售不合格农膜的行为。建立健全废弃农膜回收贮运和综合利用网络,开展废弃农膜回收利用试点。强化畜禽养殖污染防治。严格规范兽药、饲料添加剂的生产和使用,防止过量使用,促进源头减量。加强畜禽粪便综合利用,在部分生猪大县开展种养业有机结合、循环发展试点。鼓励支持畜禽粪便处理利用设施建设,到2020年,规模化养殖场、养殖小区配套建设废弃物处理设施比例达到75%以上
《全国农业现代化规划(2016—2020年)》	2016年	国务院	发展目标:到2020年,农业灌溉用水总量基本稳定,化肥、农药使用量零增长,畜禽粪便、农作物秸秆、农膜资源化利用目标基本实现。推进资源保护和生态修复:严格保护耕地,节约高效用水,加强林业和湿地资源保护,修复草原生态,强化渔业资源养护,维护生物多样性。强化农业环境保护:开展化肥农药使用量零增长行动,推动农业废弃物资源化利用无害化处理,强化环境突出问题治理。确保农产品质量安全:提升源头控制能力,提升标准化生产能力,提升风险防控能力,提升农产品质量安全监管能力
《关于落实发展新理念加快农业现代化实现全面小康目标的若干意见》	2016年	中共中央国务院	加强农业资源保护和高效利用。实施渤海粮仓科技示范工程,加大科技支撑力度,加快改造盐碱地。创建农业可持续发展试验示范区。加快农业环境突出问题治理。实施并完善农业环境突出问题治理总体规划。加大农业面源污染防治力度,实施化肥农药零增长行动,实施种养业废弃物资源化利用、无害化处理区域示范工程。积极推广高效生态循环农业模式。探索实行耕地轮作休耕制度试点,通过轮作、休耕、退耕、替代种植等多种方式,对地下水漏斗区、重金属污染区、生态严重退化地区开展综合治理

(续表)

法规名称	发布时间	发布部门	相关内容
《"十三五"生态环境保护规划》	2016年	国务院	分类防治土壤环境污染：实施农用地土壤环境分类管理，将符合条件的优先保护类耕地划为永久基本农田，实行严格保护，确保其面积不减少、土壤环境质量不下降。开展土壤污染治理与修复，强化重点区域土壤污染防治。 加快农业农村环境综合治理：继续推进农村环境综合整治；大力推进畜禽养殖污染防治；打好农业面源污染治理攻坚战；强化秸秆综合利用与禁烧
《中华人民共和国大气污染防治法》	2015年	全国人民代表大会常务委员会	地方各级人民政府应当推动转变农业生产方式，发展农业循环经济，加大对废弃物综合处理的支持力度，加强对农业生产经营活动排放大气污染物的控制。农业生产经营者应当改进施肥方式，科学合理施用化肥并按照国家有关规定使用农药，减少氨、挥发性有机物等大气污染物的排放。禁止在人口集中地区对树木、花草喷洒剧毒、高毒农药。畜禽养殖场、养殖小区应当及时对污水、畜禽粪便和尸体等进行收集、贮存、清运和无害化处理，防止排放恶臭气体。各级人民政府及其农业行政等有关部门应当鼓励和支持采用先进适用技术，对秸秆、落叶等进行肥料化、饲料化、能源化、工业原料化、食用菌基料化等综合利用，加大对秸秆还田、收集一体化农业机械的财政补贴力度。县级人民政府应当组织建立秸秆收集、贮存、运输和综合利用服务体系，采用财政补贴等措施支持农村集体经济组织、农民专业合作经济组织、企业等开展秸秆收集、贮存、运输和综合利用服务。省、自治区、直辖市人民政府应划定区域，禁止露天焚烧秸秆、落叶等产生烟尘污染的物质

(续表)

法规名称	发布时间	发布部门	相关内容
《水污染防治行动计划》	2015年	国务院	推进农业农村污染防治。科学划定畜禽养殖禁养区,2017年底前,依法关闭或搬迁禁养区内的畜禽养殖场(小区)和养殖专业户,京津冀、长三角、珠三角等区域提前一年完成。现有规模化畜禽养殖场(小区)要根据污染防治需要,配套建设粪便污水贮存、处理、利用设施。散养密集区要实行畜禽粪便污水分户收集、集中处理利用。自2016年起,新建、改建、扩建规模化畜禽养殖场(小区)要实施雨污分流、粪便污水资源化利用。(原农业部牵头,原环境保护部参与) 控制农业面源污染。制定实施全国农业面源污染综合防治方案。敏感区域和大中型灌区,要利用现有沟、塘、窖等,配置水生植物群落、格栅和透水坝,建设生态沟渠、污水净化塘、地表径流集蓄池等设施,净化农田排水及地表径流。到2020年,测土配方施肥技术推广覆盖率达到90%以上,化肥利用率提高到40%以上,农作物病虫害统防统治覆盖率达到40%以上;京津冀、长三角、珠三角等区域提前一年完成(原农业部牵头)
《中共中央国务院关于加快推进生态文明建设的意见》	2015年	国务院	大力推进绿色发展、循环发展、低碳发展,加快美丽乡村建设。完善县域村庄规划,强化规划的科学性和约束力。支持农村环境集中连片整治,开展农村垃圾专项治理,加大农村污水处理和改厕力度。加快转变农业发展方式,推进农业结构调整,大力发展农业循环经济,治理农业污染,提升农产品质量安全水平。依托乡村生态资源,在保护生态环境的前提下,加快发展乡村旅游休闲业。引导农民在房前屋后、道路两旁植树护绿。加强农村精神文明建设,以环境整治和民风建设为重点,扎实推进文明村镇创建

(续表)

法规名称	发布时间	发布部门	相关内容
《中共中央关于制定国民经济和社会发展第十三个五年规划的建议》	2015年	中共中央	坚持绿色发展,着力改善生态环境。加大环境治理力度。深入实施大气、水、土壤污染防治行动计划。坚持城乡环境治理并重,加大农业面源污染防治力度,统筹农村饮水安全、改水改厕、垃圾处理,推进种养业废弃物资源化利用、无害化处置。建立全国统一的实时在线环境监控系统
《关于加大改革创新力度加快农业现代化建设的若干意见》	2015年	中共中央国务院	深入推进农业结构调整:支持青贮玉米和苜蓿等饲草料种植,开展粮改饲和种养结合模式试点。加大对生猪、奶牛、肉牛、肉羊标准化规模养殖场(小区)建设支持力度,加快推进规模化、集约化、标准化畜禽养殖。推进水产健康养殖,加大标准池塘改造力度。 加强农业生态治理:实施农业环境突出问题治理总体规划和农业可持续发展规划。加强农业面源污染治理,开展秸秆、畜禽粪便资源化利用和农田残膜回收区域性示范,落实畜禽规模养殖环境影响评价制度,大力推动农业循环经济发展。大力推广节水技术,全面实施区域规模化高效节水灌溉行动
《中华人民共和国环境保护法》	2014年修订	全国人民代表大会常务委员会	各级人民政府应当加强对农业环境的保护,促进农业环境保护新技术的使用,加强对农业污染源的监测预警,统筹有关部门采取措施,防治土壤污染和土地沙化、盐渍化、贫瘠化、石漠化、地面沉降以及防治植被破坏、水土流失、水体富营养化、水源枯竭、种源灭绝等生态失调现象,推广植物病虫害的综合防治。县级、乡级人民政府应当提高农村环境保护公共服务水平,推动农村环境综合整治

(续表)

法规名称	发布时间	发布部门	相关内容
《关于全面深化农村改革加快推进农业现代化的若干意见》	2014年	中共中央国务院	促进生态友好型农业发展。加大农业面源污染防治力度,支持高效肥和低残留农药使用、规模养殖场畜禽粪便资源化利用、新型农业经营主体使用有机肥、推广高标准农膜和残膜回收等试点。 开展农业资源休养生息试点。抓紧编制农业环境突出问题治理总体规划和农业可持续发展规划
《畜禽规模养殖污染防治条例》	2013年	国务院	合理安排畜禽养殖生产布局、强化污染源头管控,是实现促进畜禽养殖业发展和加强环境保护"双赢"的前提和基础。 制定畜牧业发展规划,要统筹考虑环境承载能力和污染防治要求,合理布局畜禽养殖生产,科学确定畜禽养殖的品种、规模、总量。 制定畜禽养殖污染防治规划,要与畜牧业发展规划相衔接,确定污染防治目标、任务。 地方政府通过划定禁养区、对污染严重的养殖密集区域进行综合整治等措施,对不合理的畜禽养殖生产布局进行调整,并对整治中遭受损失的养殖者依法予以补偿
《中共中央关于全面深化改革若干重大问题的决定》	2013年	中共中央	加快生态文明制度建设:建立系统完整的生态文明制度体系,划定生态保护红线,实行最严格的源头保护制度、损害赔偿制度、责任追究制度,完善环境治理和生态修复制度;改革生态环境保护管理体制,健全国土空间开发、资源节约利用、生态环境保护的体制机制

(续表)

法规名称	发布时间	发布部门	相关内容
《关于加快发展现代农业进一步增强农村发展活力的若干意见》	2013年	中共中央国务院	提升食品安全水平。强化农业生产过程环境监测,严格农业投入品生产经营使用管理,积极开展农业面源污染和畜禽养殖污染防治……加大监管机构建设投入,全面提升监管能力和水平。 推进农村生态文明建设。加强农村生态建设、环境保护和综合整治,努力建设美丽乡村。加强农作物秸秆综合利用。搞好农村垃圾、污水处理和土壤环境治理,实施乡村清洁工程
《国务院关于实行最严格水资源管理制度的意见》	2012年	国务院	红线管理:确立水资源开发利用控制红线,到2030年全国用水总量控制在7 000亿立方米以内;确立用水效率控制红线,到2030年用水效率达到或接近世界先进水平,万元工业增加值用水量(以2000年不变价计,下同)降低到40立方米以下,农田灌溉水有效利用系数提高到0.6以上;确立水功能区限制纳污红线,到2030年主要污染物入河湖总量控制在水功能区纳污能力范围之内,水功能区水质达标率提高到95%以上。到2020年,全国用水总量力争控制在6 700亿立方米以内;万元工业增加值用水量降低到65立方米以下,农田灌溉水有效利用系数提高到0.55以上;重要江河湖泊水功能区水质达标率提高到80%以上,城镇供水水源地水质全面达标
《国家农业节水纲要(2012—2020年)》	2012年	国务院	发展目标:到2020年,在全国初步建立农业生产布局与水土资源条件相匹配、农业用水规模与用水效率相协调、工程措施与非工程措施相结合的农业节水体系。基本完成大型灌区、重点中型灌区续建配套与节水改造和大中型灌排泵站更新改造,小型农田水利重点县建设基本覆盖农业大县;全国农田有效灌溉面积达到10亿亩,新增节水灌溉工程面积3亿亩,其中新增高效节水灌溉工程面积1.5亿亩以上;全国农业用水量基本稳定,农田灌溉水有效利用系数达到0.55以上;全国旱作节水农业技术推广面积达到5亿亩以上,高效用水技术覆盖率达到50%以上

参 考 文 献

[1] Mengistie B T, Mol A P J, Oosterveer P. Pesticide use practices among smallholder vegetable farmers in Ethiopian Central Rift Valley[J]. Environment Development and Sustainability, 2017(19):301-324.

[2] Chekima B, Wafa S A W S K, Igau O A, et al. Examining green consumerism motivational drivers: does premium price and demographics matter to green purchasing? [J]. Journal of Cleaner Production, 2016,112:3436-3450.

[3] Dowd B M, Press D, Huertos M L. Agricultural nonpoint source water pollution policy: the case of California's central coast[J]. Agriculture, Ecosystems and Environment, 2008 (128): 151-161.

[4] Ondersteijn C J M, Beldman A C G, Daatselaar C H G, et al. The dutch mineral accounting system and the European nitrate directive: implication for N and P management and farm performance [J]. Agriculture, Ecosystems and Environment, 2002(92): 283-296.

[5] Murat I, et al. The impact of green product innovation on firm performance and competitive capability: the moderating role of managerial environmental concern[J]. Procedia-Social and Behavioral Sciences,2012,62:854-864.

[6] Roberts J A, Straughan R D. Environmental segmentation alternatives: a look at green consumer behavior in the new millennium[J]. Journal of Consumer Marketing,1999, 16(6):558-575.

[7] Gleim M R, Smith J S, Andrews D, et al. Against the green: a multi-

method examination of the barriers to green consumption[J]. Journal of Retailing,2013,89(1):44-61.

[8] Hasan Z, Ali N A. The impact of green marketing strategy on the firm's performance in Malaysia[J]. Procedia-Social and Behavioral Sciences, 2015,172:463-470.

[9] 陈波,虞云娅,刘健,等.畜禽养殖清洁生产技术研究与应用[J].今日科技, 2006(5):29-30.

[10] 陈宏金,方勇.农业清洁生产的内涵和技术体系[J].江西农业大学学报(社会科学版),2004,3(1):45-46.

[11] 陈如明,高学运.实用畜禽养殖技术[M].济南:山东科学技术出版社, 1991:29.

[12] 成升魁,闵庆文,谢高地,等.生态农村:中国生态农业的新思维[J].资源科学,2003(1):94-95.

[13] 达娃卓玛.西藏农业节水灌溉研究现状[J].西藏农业科技,2014(2):5-7.

[14] 邓远建,肖锐,严立冬.绿色农业产地环境的生态补偿政策绩效评价[J].中国人口·资源与环境,2015,25(1):120-126.

[15] 段贤斌.农业现代化与生态经济关系初探[J].生态经济,2001,17(2):42-45.

[16] 邓家琼.农业技术绩效评价标准的变迁及启示[J].科学学与科学技术管理,2008,29(10):21-24.

[17] 高鹏,刘燕妮.我国农业可持续发展水平的聚类评价:基于2000—2009年省域面板数据的实证分析[J].经济学家,2012(3):59-65.

[18] 高旺盛,董孝斌.黄土高原丘陵沟壑区脆弱农业生态系统服务评价:以安塞县为例[J].自然资源学报,2003(2):182-188.

[19] 葛继红,周曙东,朱红根,等.农户采用环境友好型技术行为研究:以配方施肥技术为例[J].农业技术经济,2010(9):57-63.

[20] 顾红,李建东,赵煊赫.土壤重金属污染防治技术研究进展[J].中国农学通

报,2005,21(8):397-399.

[21] 胡俊,毛浓文,赵润彪.拉萨市青稞产业化的 SWOT 分析[J].现代农业科技,2011(12):375-378.

[22] 胡俊梅,王新杰.农业清洁生产技术体系设计[J].安徽农业科学,2010,38(6):3128-3130.

[23] 胡雪萍,董红涛.构建绿色农业投融资机制需破解的难题及路径选择[J].中国人口·资源与环境,2015,25(6):152-158.

[24] 黄季焜,胡瑞法,智华勇.基层农业技术推广体系30年发展与改革:政策评估和建议[J].农业技术经济,2009(1):4-11.

[25] 贾华清.畜禽粪便的资源化利用技术与管理系统的建立[J].安徽农学通报,2007,13(5):46-48.

[26] 金赛美.供给侧改革背景下农业绿色发展评价指数研究[M].北京:经济管理出版社,2018.

[27] 金书秦,沈贵银.中国农业面源污染的困境摆脱与绿色转型[J].改革,2013(5):79-87.

[28] 金书秦,沈贵银,刘宏斌,等.农业面源污染治理的技术选择和制度安排[M].北京:中国社会科学出版社,2017.

[29] 柯紫霞,赵多,吴斌,等.浙江省农业清洁生产技术体系构建的探讨[J].环境污染与防治,2006,28(12):921-924.

[30] 雷晓萍,刘晓峰.土地开发整理工程中几种常用的土地平整技术[J].宁夏农林科技,2009,50(5):51-53.

[31] 李丽纯.后现代农业视角下的中国农业现代化效益水平测评[J].农业经济问题,2013,34(12):7-14.

[32] 李晓明.绿色农业与其发展对策探析[J].华中农业大学学报(社会科学版),2005(3):18-21.

[33] 李燕凌,陈娟,李学军.论生态农业的发展模式与选择[J].农村经济与科技,2007(7):70-71.

[34] 李晓西,刘一萌,宋涛.人类绿色发展指数的测算[J].中国社会科学,2014(6):69-95.

[35] 李阳,王玉玲,李敬苗.有机农药对土壤的污染及生物修复技术研究[J].中国环境管理干部学院学报,2009,19(3):64-66.

[36] 梁丹,金书秦.农业生态补偿:理论、国际经验与中国实践[J].南京工业大学学报(社会科学版),2015,14(3):53-62.

[37] 廖庆玉,卢彦,章金鸿.人工湿地处理技术研究概况及其在农村面源污染治理中的应用[J].广州环境科学,2012(2):29-34.

[38] 林卿,张俊飚.生态文明视域中的农业绿色发展[M].北京:中国财政经济出版社,2012.

[39] 刘娣,范丙全,龚明波.秸秆还田技术在中国生态农业发展中的作用[J].中国农学通报,2008,24(6):404-407.

[40] 刘华楠,邹珊刚.我国西部绿色农业科技创新论析[J].中国科技论坛,2003(1):27-30.

[41] 刘连馥.绿色农业初探[M].北京:中国财政经济出版社,2005.

[42] 刘濛.国外绿色农业发展及对中国的启示[J].世界农业,2013(1):95-98.

[43] 龙冬平,李同昇,苗园园,等.中国农业现代化发展水平空间分异及类型[J].地理学报,2014,69(2):213-226.

[44] 罗必良.推进我国农业绿色转型发展的战略选择[J].农业经济与管理,2017(6):8-11.

[45] 卢秉福,孙一鸣,韩卫平.黑龙江省绿色农业可持续发展主要影响因素分析[J].中国农学通报,2011,27(32):110-113.

[46] 罗良国,杨世琦,张庆忠,等.国内外农业清洁生产实践与探索[J].农业经济问题,2009(12):18-24.

[47] 吕远忠,吴玉兰.无公害畜禽养殖关键技术[M].成都:四川科学技术出版社,2004.

[48] 尼玛扎西,禹代林,边巴,等."藏青2000"青稞新品种简介及栽培技术要点

[J].西藏农业科技,2015(1):28-32.

[49] 牛敏杰,赵俊伟,尹昌斌,等.我国农业生态文明水平评价及空间分异研究[J].农业经济问题,2016,37(3):17-25.

[50] 牛文元.中国农业资源的可持续性分析[J].自然资源学报,1996,11(4):293-300.

[51] 潘丹,应瑞瑶.中国农业生态效率评价方法与实证:基于非期望产出的SBM模型分析[J].生态学报,2013,33(12):3837-3845.

[52] 彭岿生.江西生态农业[M].北京:中国农业出版社,2007.

[53] 钱大富,马静颖,洪小平.水体富营养化及其防治技术研究进展[J].青海大学学报(自然科学版),2002,20(1):28-30.

[54] 屈志光,崔元锋,邓远建.基于多任务代理的农业绿色发展能力研究[J].生态经济,2013,29(4):102-105.

[55] 沈丰菊.我国农业废水处理技术的应用现状与发展趋势[J].农业工程技术(新能源产业),2011(1):16-19.

[56] 沈宇丹,杜自强.环境友好型农业技术发展的难点和对策[J].生态经济,2009(2):116-120.

[57] 孙自保,李萍,冯平.西藏农业生产结构分析及调整措施初探[J].中国农学通报,2006,22(7):603-606.

[58] 王健.对新疆发展节水灌溉的思考[J].新疆农垦科技,2002(6):29-31.

[59] 魏军,曹仲华,罗创国.草田轮作在发展西藏生态农业中的作用及建议[J].黑龙江畜牧兽医,2007(9):98-100.

[60] 魏胜文,乔德华,张东伟.甘肃农业绿色发展研究报告[M].北京:中国社会科学出版社,2018.

[61] 魏琦,金书秦,张斌,等.助绿乡村振兴:农业绿色发展理论、政策和评价[M].北京:中国发展出版社,2019.

[62] 温明振.有机农业发展研究[D].天津:天津大学,2006.

[63] 伍世良,邹桂昌,林健枝.论中国生态农业建设的五个基本问题[J].自然资

源学报,2001,16(4):320-324.

[64] 向东梅.促进农户采用环境友好技术的制度安排与选择分析[J].重庆大学学报(社会科学版),2011,17(1):42-47.

[65] 辛岭,蒋和平.我国农业现代化发展水平评价指标体系的构建和测算[J].农业现代化研究,2010(6):646-650.

[66] 熊文强,王新杰.农业清洁生产:21世纪农业可持续发展的必然选择[J].软科学,2009,23(7):114-117.

[67] 严立冬.绿色农业发展与财政支持[J].农业经济问题,2003(10):36-39.

[68] 严立冬,屈志光,邓远建.现代农业建设中的绿色农业发展模式研究[J].农产品质量与安全,2011(4):12-17.

[69] 杨林章,施卫明,薛利红,等.农村面源污染治理的"4R"理论与工程实践:总体思路与"4R"治理技术[J].农业环境科学学报,2013(1):1-8.

[70] 冶玉玲.化肥深施技术[J].青海农技推广,2011(4):54-55.

[71] 于法稳.习近平绿色发展新思想与农业的绿色转型发展[J].中国农村观察,2016(5):2-9.

[72] 远德龙,宋春阳.病死畜禽尸体无害化处理方式探讨[J].猪业科学,2013(6):82-84.

[73] 张爱民.关于绿色农业发展若干关键问题的思考[J].中国食物与营养,2007(3):61-64.

[74] 赵大伟.中国绿色农业发展的动力机制及制度变迁研究[J].农业经济问题,2012(11):72-78.

[75] 赵丽丽.农户采用可持续农业技术的影响因素分析及政策建议[J].经济问题探索,2006(3):87-90.

[76] 赵其国,周建民,董元华.江苏省农业清洁生产技术与管理体系的研究与试验示范[J].土壤,2001(6):281-285.

[77] 周建伟,何帅,李杰,等.干旱内陆河灌区节水农业综合技术集成与示范[J].新疆农垦科技,2005(1):39-41.

[78] 周芳,张敏,金书秦.基于SWOT分析的西藏农业绿色发展对策研究[J].经济研究参考,2018(33):52-59.

[79] 周颖,尹昌斌.我国农业清洁生产补贴机制及激励政策研究[J].生态经济,2009(11):149-152.

[80] 钟雨亭,闫书达.绿色农业初探[J].中国食物与营养,2004(8):59-62.

[81] 朱兆良,David Norse,孙波.中国农业面源污染控制对策[M].北京:中国环境科学出版社,2006.

[82] 朱启红.浅谈秸秆的综合利用[J].农机化研究,2007,29(6):236-260.

[83] 庄丽娟,张杰,齐文娥.广东农户技术选择行为及影响因素的实证分析:以广东省445户荔枝种植户的调查为例[J].科技管理研究,2010(8):90-92.